Manual de SEO

Tutorial de SEO

Lo esencial del SEO

Joan Mengual

© Luz Marina Ochoa – Septiembre de 2017

Autor: Joan Mengual

1ª edición

ISBN: 978-0-244-63285-4

Formato del libro 15 X 21

Impreso por:

Dedicatoria:

Normalmente las dedicatorias se hacen a la familia o amigos, por esta vez, dedico este libro a todas aquellas personas que por un modo u otro no pueden disponer de un computador para conectarse con el mundo virtual.

En primer lugar, permítanme asegurarles que esto no es un tutorial de SEO habitual hecho principalmente de técnicas que funcionaron bien en años pasados. Google cambia tanto sus algoritmos que lo que funcionaba el año 2014, deja de funcionar en este año 2017.

Este tutorial contiene información SEO básico así como algunos consejos más avanzados y trucos que en realidad son bastante obvios, pero eso no los hace menos importantes, y parece que es su obviedad lo que hace que algunas personas piensen que estos consejos no funcionan.

Google ha cambiando mucho desde 2003 su algoritmo de posicionamiento, incluso hay quien asegura que es más importante la publicidad en la web que el contenido.

Pero no todo es así, hoy día se posiciona mejor un buen contenido que páginas vacías o de contenido poco relevante.

Este tutorial SEO no trata de "*El mejor truco de todos para Google*". Expondremos sólo legítimos métodos de **trabajo** y recomendaciones importantes, no inventamos nada.

¡Siga Leyendo!

Contenido

1. Introducción

Una de las palabras clave de los últimos 10 años en la comercialización en Internet es SEO. Todo el mundo habla de SEO y todo el mundo trata de aplicarlo más o menos exitosamente. Si tienes experiencia en este tema puedes omitir los primeros capítulos, de lo contrario siga leyendo para aprender lo básico.

1.1. Qué es SEO

El término "SEO" es la abreviatura de "Search Engine Optimization". No se trata de optimizar los motores de búsqueda, sin embargo, se trata de optimizar los *sitios web* para los motores de búsqueda. ¿Pero por qué uno necesita optimizar un sitio web? Para responder a esta pregunta tenemos que entender lo que es un motor de búsqueda.

Los motores de búsqueda como la forma de encontrar una información en la web aparecieron a mediados de los años 90. Se *rastrearon* sitios web y los *indexaron* en sus propias bases de datos marcándolos con una u otra *palabra clave* de su contenido y url. Así, cuando alguien puso alguna de estas palabras clave de consulta en el buscador de ese motor de búsqueda, rápidamente buscó en su base de datos y encontró qué páginas indexadas correspondían a esa consulta.

Por lo tanto, mediante las palabras clave el buscador nos ofrecía resultados de los sitios web que la tenía, cuanto más alto en el listado, mejor eran los resultados y más usuarios visitaban las urls. No sabemos quién fue el primer webmaster que se dio cuenta de que él podía hacer algunos cambios en las páginas de su sitio web para que el rango fuese más alto, pero realmente fue el precursor de lo que hoy día decimos **SEO!**

Por lo tanto, **SEO es algo que ayuda a su sitio a rankear mejor en los motores de búsqueda**. Hay una serie de formas y métodos de SEO, algunos de ellos son legítimos, mientras que otros son restringidos y considerados como técnicas "blackhat". A los motores de búsqueda no les gusta blackhat SEO y el efecto de su uso puede ser desastroso para su sitio web. De todos modos, vamos a cubrir este material más adelante en este tutorial/manual de SEO.

1.2. ¿Necesito SEO?

Con toda seguridad, la respuesta "Sí" es lo primero que se nos viene a la mente, ¿no? Pero vamos a pensar un poco más. ¿SEO ayuda ... bueno .. umm .. dicen que algunos dejaron su empresa para vivir de los contenidos de la red? ¿Ayuda a promover un pequeño supermercado local en el barrio de su casa propiedad de un joven emprendedor? ¿Ayuda a la compañía aérea a vender billetes de avión y promover ofertas? Bueno, supongo que ya tienes la idea. **SEO es eficaz sobre todo para las empresas de Internet.** ¿Tienes una? Entonces usted necesita SEO. De lo contrario, SEO es sólo uno de los canales posibles para difundir la palabra sobre su producto o servicio. Y no necesariamente el mejor.

1.3. ¿Debo contratar a alguien o hacerlo yo mismo?

Una de las preguntas tácitas más frecuentes es: ¿debo contratar a un profesional de SEO o ahorrar unos cuantos dólares y hacerlo yo mismo? No hay una respuesta universal para todas las situaciones, así que aquí les presento una tabla en la cual tiene descrito algunos pros y contras:

	Pros	Contras
SEO contratado	1. Usted no tiene que perder su tiempo. 2. Usted no tiene que aprender SEO. 3. Un SEO Pro puede ser muy eficaz.	1. Necesita controlar el SEO contratado por usted mismo. 2. SEOs por lo general no dan ninguna garantía y en realidad debe ser muy cuidadoso al elegir un SEO contratado. 3. El individuo contratado puede ser un profesional de SEO, pero no necesariamente profesional en su tema. 4. Por último, tienes que pagar a este profesional.
Hazlo tu mismo	1. Si lo quieres hacer bien, hazlo tú mismo. Tú eres el que realiza todo el espectáculo, así que sabes mejor lo que es correcto y lo que está mal. 2. Usted ahorra realmente algunos dólares, hay empresas que cobran mucho. 3. Usted puede monitorear constantemente las tendencias y aplicar cambios en su estrategia de SEO sobre la marcha.	1. Tendrá que pasar algún tiempo leyendo SEO FAQs y tutoriales como éste, publicar preguntas estúpidas en los foros y hacer otras cosas que siempre hacen los novatos. No mata, pero toma su tiempo. 2. Puede obtener muy pocos beneficios de SEO para grandes esfuerzos y tiempo. Después de todo, usted no es un gurú, ¿verdad? 3. Todo depende de hasta dónde quiere llegar.

2. Conceptos básicos

2.1. Los motores de búsqueda

Antes de empezar a hablar de optimización de motores de búsqueda, tenemos que entender cómo funcionan los motores de búsqueda. Básicamente, cada motor de búsqueda consta de 3 partes:

1. **Crawling** (o la araña). Esta parte de un motor de búsqueda es un robot simple que descarga páginas de un sitio web y los *rastrea* para enlaces. A continuación, se abre y descarga cada uno de esos vínculos para *rastrear (araña)* ellos también. El rastreador visita sitios web periódicamente para encontrar los cambios en su contenido y en consecuencia modificar su clasificación. Dependiendo de la calidad de un sitio web y la frecuencia de sus actualizaciones de contenido esto puede suceder desde una vez al mes hasta varias veces al día para una alta popularidad a sitios de noticias.

   El rastreador no clasifica los sitios web en sí. En su lugar, simplemente pasa todos los sitios web rastreados a otro módulo de motor de búsqueda llamado **indexador**.

2. **Indexing**. Este módulo almacena todas las páginas rastreadas por la araña en una gran base de datos llamada *índice*. Piense en él como el índice en un libro de papel: Usted encuentra una palabra y ve que las páginas mencionan esta palabra. El índice no es estático, se actualiza cada vez que el rastreador encuentra una nueva página o vuelve a rastrear el que ya se presentó en el índice. Dado que el volumen del índice es muy grande, a menudo se necesita

tiempo para confirmar todos los cambios en la base de datos. Así que uno puede decir que *un sitio web ha sido rastreado, pero aún no se ha indexado.*

Una vez que el sitio web con todo su contenido se agrega al índice, la tercera parte del motor de búsqueda comienza a funcionar.

3. **Ranking** (o el software del motor de búsqueda). Esta parte interactúa con el usuario que solicita una consulta de búsqueda. A continuación, busca entre millones de páginas indexadas y encuentra todos los que son *relevantes* para esa consulta. Los resultados se ordenan por *relevancia* y autoridad y finalmente se muestran al usuario.

¿Qué es la *relevancia* y cómo determinar si una página es más o menos relevante para una consulta? Aquí viene la parte difícil - los **factores de clasificación** ...

2.2. Terminología

Estos son los términos básicos que necesita saber. Todos los demás se explicarán en el camino.

Anchor text

Esto es simplemente el texto de un enlace. Debe suponer que usted tiene un "**Anchor text**" como esto:

<a href="http://tutoriales.net.co/seo-tutorial">Los fundamentos del SEO – guía completa<a>

El **anchor text** estaría visualizado como el siguiente:

Los fundamentos del SEO - una guía completa

El texto "Los fundamentos del SEO - una guía completa" - es el texto ancla en este caso. El texto de anclaje es el parámetro clave en una estrategia de creación de vínculos. Siempre debe asegurarse de que el texto del anclaje de un enlace cumple el tema de esa página. Si su página está sobre los perros, no enlace a él con un texto ancla de "gatos". Obviamente, no puedes controlar todos y cada uno de los enlaces en la web, pero al menos deberías hacer que todos los enlaces dentro de tu propio sitio web tengan un texto de anclaje apropiado.

Enlace entrante

... o backlink es un enlace que apunta a su sitio. Cuanto más tengas - mejor. Pero en particular hay muchas exclusiones de esta regla, así que lea la sección de **optimización** sobre enlaces entrantes a la página para obtener más información.

Palabra clave

Una o más palabras que describen el tema de un sitio web o página. De hecho, debemos distinguir keyWORDS y keyPHRASES, pero en la práctica de SEO a todos se les llaman palabras clave. Por ejemplo, las palabras clave de esta página podrían ser: Preguntas frecuentes de SEO, tutoriales de SEO, etc.

Palabras clave genéricas y long-Tail

Fácil. Las palabras clave de genéricas son algunas palabras y frases generales y comunes como "alquilar un coche", "seo", "comprar un juguete", "préstamo personal" y así sucesivamente. De Long-Tail es exactamente describir un tema: "alquilar bmw nueva york", "seo en florida", "comprar un osito de peluche Barcelona", etc más precisa que una palabra clave, menos popular, menos personal. Es una consulta exacta en el cuadro de búsqueda. ¡Pero! El otro lado de la moneda es: ya que cada consulta está altamente orientada, una vez que un visitante llega a su sitio web de una consulta de motor de búsqueda y **encuentra lo que está buscando** - es muy probable que tal visitante pronto se convierta en un cliente. Esta parte es muy importante! **Las consultas de cola larga no son muy populares,** Pero la tasa de conversión para tales consultas es mucho mayor que para las de cola corta.

Mucha conversión: Cuando tienes un producto que está posicionado por una palabra clave *long-tail*, las posibilidades de que lo encuentren y se interesen por el son muy altas.

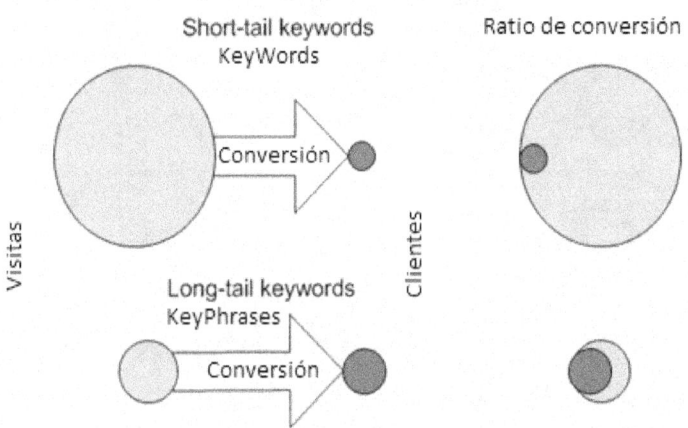

SERPs

Usted puede oír este término, pero posiblemente no lo entienda. **SERP** significa "Página de resultados del motor de búsqueda". Si un usuario escribe una consulta y pulsa Enter, se redirige a una SERP. Luego puede hacer clic en uno de los resultados para abrir ese sitio web. Obviamente, los resultados mostrados en las primeras posiciones obtienen mucho más visitantes que los de la página 2,3 y menores. Este es el propósito del SEO, en realidad: Hacer que un sitio web se mueva más alto en SERPs.

Snippet

Esta es una breve descripción mostrada por un motor de búsqueda en los listados SERP. El fragmento se toma a menudo de una etiqueta **Meta Description**, o puede ser creado por el motor de búsqueda basándose automáticamente en el contenido de una página.

Página de destino

La página de destino es una página abierta cuando un visitante llega al sitio haciendo clic en un SERP. Aquí hay una consulta de ejemplo:

En este caso, la página ***www.cleverstat.com/en/google-monitor-query.htm*** es una página de destino para la consulta "Google".

Jugo de enlace

Este divertido término significa el valor que pasa de una página a otra por medio de un enlace entre ellos. Para ser precisos: La página enlazada (receptor) obtiene un *enlace de jugo* de la página de enlace (donante). Cuanto más jugo de enlace fluya en una página, mayor será la clasificación. Imaginemos una página que vale $ 10 - este es el valor de esa página. Si una página tiene 2 enlaces, cada uno recibe $ 5, entonces - esa es la cantidad de jugo de enlace pasado a la página enlazada. Si la primera página tiene 5 enlaces, entonces cada uno solo pasa $ 2 del jugo del enlace inicial. Aquí vemos unas simples imágenes para ilustrar este concepto:

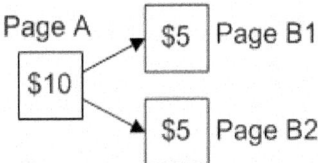

Cada enlace pasa un valor de $ 5

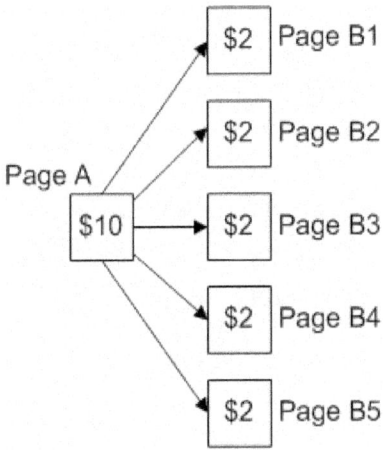

Cada enlace pasa un valor de $ 2

Esto significa que, cuanto más enlaces tenga la página A, menor será el valor de la ganancia de la página B. Obviamente, el valor real del jugo de enlace no se mide en dólares.

Nofollow enlaces

Nofollow es un enlace que un motor de búsqueda no debe seguir. Para hacer un enlace nofollow necesitas el siguiente código:

```
<a href="somepage.html" rel="nofollow">Some anchor text</a>
```

Google no sigue los enlaces nofollow y no transfiere el enlace a través de estos enlaces. Puede leer más acerca de los enlaces nofollow en la web de Google:

https://support.google.com/webmasters/answer/96569

Popularidad de enlaces

Este término designa la cantidad de enlaces entrantes que apuntan a un sitio. Los sitios populares tienen más enlaces. Sin embargo, el número de enlaces entrantes es sólo la mitad de un pastel. Lea la sección de **optimización offpage** para obtener más información.

Relleno de palabras clave

Cuando se pone una larga lista de palabras clave en una etiqueta - esto es relleno de palabras clave. Por ejemplo, una etiqueta de título para esta página "**Tutorial de SEO**" podría ser similar a:

```
<TITLE>guía SEO, SEO FAQ, tutorial SEO, mejor seo faq, técnicas seos, estrategia seo</TITLE>
```

y así sucesivamente. Esto sería el relleno de palabras clave. En cambio, el título actual de esta página (**Tutorial de SEO**) parece bastante natural y describe adecuadamente su contenido. Tenga presente de que el relleno de palabras clave no es bueno para SEO.

Robots.txt

Robots.txt es un archivo destinado a decir a las arañas de los motores de búsqueda si se les permite o no rastrear el contenido del sitio. Es un archivo txt simple colocado en la carpeta raíz de su sitio web. Estos son algunos ejemplos:

Este bloquea todo el sitio para GoogleBot:

User-agent: Googlebot
Disallow: /

Este bloquea todos los archivos con una sola carpeta excepto myfile.html para todos los crawlers:

User-agent: *
Disallow: /folder1/
Allow: /folder1/myfile.html

3. Los factores de clasificación

En general, sólo hay dos grupos de ellos: factores de clasificación en la página y fuera de la página (On Page – Off Page). Se ha discutido mucho sobre cuál es el más importante, pero contestaremos esa pregunta más adelante en este FAQ. En este momento usted debe entender que ambos son cruciales y ambos necesitan la atención adecuada.

3.1. Factores de clasificación en la página

Hay muchos factores de clasificación "on-page" y se ha hablado aún más desde los primeros días de SEO. Algunos de ellos son realmente importantes, mientras que otros se dice que son cruciales para SEO, pero en realidad son inútiles o incluso pueden lastimar su ranking. Ya sabes, los motores de búsqueda están evolucionando, cambian sus algoritmos y algo que solía funcionar en 2009 ahora se ha convertido en basura inútil. Por lo tanto, aquí está la lista de factores de clasificación teórica "**on-page**" ordenados por su importancia y el valor de SEO.

3.1.1. Cosas importantes

1. **Título**

    Este parece ser uno de los factores más importantes en la página. Debe prestar mucha atención a la etiqueta del título. Aquí hay algunos consejos para escribir un buen título:

    A) **Manténgala precisa y suficientemente corta.** Hay un mito popular que dice que la etiqueta del título debe ser corta, porque Google (y otros buscadores también) no lee después de los primeros símbolos 60-70. No es del todo cierto. Google **va a** leer casi todo lo que usted ofrece en su etiqueta del título, pero el peso de cada palabra clave en el título sería mucho menos en ese caso. Parece que sólo las primeras 10-12 palabras obtienen el beneficio de estar en el título, así que manténgalo corto. Además, una etiqueta de título larga es difícil de leer por los visitantes humanos.

    B) **No lo llene con palabras clave** , sino que escriba en un estilo normal orientado al ser humano. En lugar de "gadgets grandes, pequeños gadgets, gadgets baratos, gadgets para la venta" utilizar más natural "gadgets baratos de todos los tamaños para la venta". Espero que con lo anterior lo comprendas bien.

C) **Utilice un título único para cada página de su sitio web.** Cada título debe reflejar con precisión el contenido de la página titulada. No utilice el mismo título en todo el sitio web.

D) **Haga su título llamativo!** El título es lo primero que un visitante cribará en la búsqueda. Es el primer paso hacia la venta - no lo ignore.

2. **Contenido**

El siguiente factor importante es el contenido de una página aunque parezca bastante ingenuo a primera vista, ¿verdad? ¡Incorrecto! *El contenido es el rey* y como algo entendido en SEO me gusta repetir. El contenido de calidad no sólo describe su producto o servicio, sino que también convierte a sus visitantes en clientes y atraen los clientes que regresan. El contenido de calidad aumenta su ranking en los motores de búsqueda, ya que les gusta un contenido de calidad. Por otra parte, el contenido de calidad incluso le ayuda a obtener más enlaces entrantes a su sitio web.

Si desea vea a continuación, <u>Factores de clasificación off-page</u>. Después puede regresar de nuevo a este capítulo.

Los consejos básicos para el contenido son:

A) **Escribir para los seres humanos, no para los motores de búsqueda!** Recuerde: usted en la web ofrece productos para los seres humanos. El humano es el que lee los textos en su sitio web y decide si va o no va a comprar las cosas de usted le ofrece. Sí, técnicamente hablando, los motores de búsqueda leen su sitio también, pero nunca he oído hablar de un motor de búsqueda que comprara algo.

Así que usted debe crear un contenido que sea interesante y útil para sus visitantes humanos en el primer lugar y segundo coherente para buscadores.

B) **Sugiera algo valioso.** Un texto meramente describiendo su producto es aburrido e inútil. Además de un pequeño resumen de las *principales características* de un producto. ¡Quiero saber *qué hay en él para mí y porqué debo comprarlo!* Téngalo en cuenta al preparar el contenido de su sitio web.

C) **Comparta su experiencia.** Escriba algo que sea interesante para usted. Comparte tu experiencia. Ofrezca algunos artículos o revisiones de productos o servicios relacionados (no los tome prestado de los sitios del artículo sin embargo - escriba los suyos propios en lugar de otro). Usted sabe - el contenido es el rey – Haga que su sitio sea interesante para los visitantes y además de obtener visitas, regresarán.

D) Los 3 apartados anteriores, no era demasiado SEO, ¿verdad? Aquí es un poco más técnico: **Mantener el texto en una página dentro de un tema.** Los motores de búsqueda saben más ahora que antes sobre los temas y prefieren estos en lugar de palabras clave como antes. Así que usted debe pensar de la misma manera: Atención a los términos de temas, no las palabras clave. Para cada página de su sitio escoja UN tema relacionado con su negocio y llene esa página con el contenido relevante para ese tema. Centrar sus esfuerzos en la estrategia de un tema por página facilita mucho la creación de páginas de destino para consultas de cola larga y también hace que todo el sitio web sea más estructurado y fácil de leer.

3. **Navegación y enlace interno**

Nuevamente es un importante factor de clasificación. Parece obvio crear una navegación apropiada para que el rastreador del motor de búsqueda pueda seguir todos los enlaces de un sitio web e indexar todas sus páginas. Sin embargo, este factor sigue siendo muy subestimado. La creación de una navegación de texto claro y fácil ayuda tanto a los motores de búsqueda como a los visitantes humanos.

Evite el uso de enlaces con JavaScript o Flash ya que son difíciles de leer por los motores de búsqueda (mejor dicho – no los lee). Proporcione siempre una manera alternativa de abrir cualquier página en su sitio Web con acoplamientos simples del texto. Proporcione un mapa del sitio web (sitemap) disponible desde cualquier otra página con un solo clic.

También tenga en cuenta que la calidad de la vinculación interna se extiende el vínculo de juego a través de las páginas de su sitio web y esto ayuda a sus páginas de aterrizaje. Un rango mejor en SERP para las palabras clave de tipo long-tail. Use esto sabiamente, sin embargo, enlace sólo a las páginas que realmente necesitan estar vinculadas.

Supongamos que tiene dos páginas: una genera ingresos de $ 10 para cada visitante, mientras que otra hace sólo $

0.1. ¿A cuál debes enlazar primero? Piense en ello de esa manera y enlace a las páginas más importantes y valiosas de su sitio web utilizando un texto de anclaje relevante para cada enlace.

3.1.2. Cosas útiles

Los siguientes factores y técnicos no son tan cruciales como los descritos anteriormente, pero aún así ayudan un poco a ganar un rango más alto en SERPs.

1. **Encabezamientos**

   Érase una vez que los motores de búsqueda prestaron mucha atención a las etiquetas de encabezado (H1 a H6), pero ahora en estos tiempos parece que se han ido. Las etiquetas de título son fácilmente manipulables, por lo que su valor no es muy alto hoy en día. Sin embargo, todavía se utilizan títulos para marcar el comienzo de un texto, dividir un artículo en partes, organizar secciones y sub-secciones dentro de su documento. En otras palabras, a pesar de que los encabezados proporcionan simplemente un pequeño valor de SEO, todavía son cruciales para hacer sus textos fácilmente legible por los visitantes humanos.

   Utilice la etiqueta H1 para el encabezado principal de la página, luego el H2 para los encabezados de artículo y el H3 para dividir las diferentes partes de un artículo con sub-encabezados. Eso sería buena práctica y es suficiente para hacer que su sitio sea legible por los seres humanos. También añade algunos puntos de SEO que no debe descuidar demasiado.

2. **Negrita / Fuerte y cursiva / Texto enfatizado**

   Ambos son casi inútiles, pero todavía tienen algún valor de SEO (muy poco). Al igual que con los encabezados, es mejor utilizarlos para el beneficio de sus visitantes humanos, haciendo hincapié en las partes clave del texto. Pero no ponga cada quinta palabra clave de un texto en negrita, ya que se ve feo y de todos modos no dará ningún impulso significativo a su clasificación. Además, esa página sería muy difícil de leer.

3. **Colocación de palabras clave**

   El valor de las palabras clave en un texto depende de su ubicación en la página. Las palabras clave colocadas cerca de la parte superior del documento obtienen un valor más alto que las que residen cerca del fondo. Importante: cuando digo arriba o abajo me refiero al **origen** del documento HTML, no a su aspecto visual. Esto es porque usted desea poner sus textos de navegación y suplementarios cerca de la parte inferior del archivo fuente y todo el contenido importante y relevante al principio de la página.

   Esta regla también funciona en casos más específicos: las palabras clave colocadas al principio de la etiqueta de título son más importantes que las colocadas en 4º o 5º. Las palabras clave colocadas al principio del texto de anclaje son más importantes y obtienen también más valor.

4. **Palabras clave en nombres de archivo y nombre de dominio**

   El viejo truco de poner tus palabras clave de destino en un

nombre de archivo o tenerlos en un nombre de dominio. Todavía funciona, pero no esperes mucho impulso.

A) Las palabras clave en un nombre de dominio ayudan un poco, pero es mucho mejor tener un nombre de dominio corto y fácil de recordar que algo como **www.tienda-de-mascotas-para-perros-y-gatos-domesticos.com**

B) Las palabras clave en un archivo o un nombre de carpeta también ayudan un poco y ya que desea nombrar sus documentos, ¿por qué no darles nombres apropiados? Aunque como he dicho antes, no esperes ningún aumento significativo en el ranking. De todos modos no te ayudará mucho para una consulta competitiva. Además, si su página está escrita en un idioma diferente al inglés predeterminado (o algún otro idioma europeo), no le ayudará en absoluto.

5. **Imagen con Alt attribute**

Este fue muy popular en 2003, pero ahora el relleno de palabras clave del atributo Alt no da ningún valor de SEO a una página. El mejor uso del atributo Alt sería algo como esto: Escriba una descripción natural para cada imagen y asegúrese de que se lea bien. Esto le ayuda de dos maneras:

a) su sitio se clasifica mejor en la búsqueda de imágenes.

b) Google a menudo toma el texto Alt para crear un fragmento para el SERP.

<img src="grafico-seo.gif" *alt="Descripción del gráfico SEO">*

6. **Meta Descripción**

Uno de los mitos más populares y estables (junto con la densidad de palabras clave) es la etiqueta Meta Descripción. Dicen que le ayuda a clasificar mejor. Dicen que es crucial que se llene con la descripción apropiada de un contenido de la página. Dicen que debe tenerlo en cada página de su sitio web. Todo esto no es cierto. Hoy en día, la única manera en que la meta descripción es utilizada por los motores de búsqueda está tomando su contenido para crear un fragmento para el SERP. ¡Eso es todo! No obtienes ningún otro beneficio de usar el *Meta-Descripción* en tu página, tampoco caes en ninguna penalidad por no usarlo. Pero si ayuda a que el usuario opte por una web u otra según la meta-Descripción.

Hay una opinión opuesta que sugiere no utilizar el *Meta Descripción* en absoluto, ya que un motor de búsqueda de todos modos crea un fragmento basado en el contenido de una página y no se puede hacer este trabajo mejor que un motor de búsqueda. Entonces, ¿por qué perder el tiempo haciendo eso? Personalmente, no estaría de acuerdo con este punto, ya que de acuerdo con las directrices de Google, la etiqueta Meta Descripción sigue siendo el preferido fuente de la información de un fragmento. A pesar de que depende de usted decidir si lo desea en su página o no, ya que como se mencionó anteriormente no da ningún impacto SEO adicional, ni positivo, ni negativo (pero una correcta e impactante descripción puede atraer al cliente).

3.1.3. Cosas inútiles (de todo un poco)

1. **Meta Palabras clave**

   Hace mucho tiempo la atiqueta <meta name="keywords" content=""> tenía la intención de decirle al motor de búsqueda las palabras clave relevantes para esta página en particular. Los motores de búsqueda modernos rastrean el Web site y extraen las palabras claves relevantes de su contenido, así que la etiqueta de Meta K no se utiliza para el ranking ni ayuda a la web. Simplemente olvídalo, es inútil para SEO y una pérdida de tiempo.

2. **Densidad de palabra clave (KD)**

   Uno de los factores de ranking web más sobrestimado es la densidad de palabras clave. ¿Qué es la densidad de palabras clave y por qué este mito vive tanto tiempo? La densidad de palabra clave de cada palabra en particular en una página se calcula de la siguiente manera:

   $KD = Word\_Count / Total\_Words * 100\%$

   Es decir, si una página tiene 150 palabras y la palabra "SEO" se menciona 24 veces en esa página, su densidad de palabras clave sería: $24 / 150 * 100\% = 16\%$

   ¿Pero por qué este valor es inútil? Debido a que los motores de búsqueda ha evolucionado y ya no cuenta con la densidad de palabras clave, ya que es muy fácil de manipular. Hay miles de factores que los motores de búsqueda consideran al calcular el rango de la página, así que ¿por qué necesitan una manera tan simple (por no decir primitiva) para clasificar las páginas como para contar el número de veces que una palabra aparece en el texto de la página? Usted puede oír, *la densidad de palabras clave del 3% es la mejor tasa*, o *mantenerlo dentro del 7% al 10%*, o *los motores de búsqueda como la densidad de kw dentro de 3% a 7%*. La verdad es...

Los motores de búsqueda quieren que las páginas estén escritas en un lenguaje natural. ¡Escriba para los seres humanos, no para los motores de búsqueda! Una página puede tener cualquier densidad de palabras clave de 0% (ninguna palabra clave en una página en absoluto) a 100% (una página que consta de una sola palabra) y aún así ocupa puestos de privilegio en el directorio de google.

Bueno, por supuesto, es posible que desee controlar la densidad de palabras clave de sus páginas, pero tenga en cuenta que no hay un buen valor para este factor. Cualquier valor funcionará si su texto está escrito para una mente humana. ¿Por qué uno todavía quiere comprobar la densidad de palabras clave si no es para contar más? Porque es una manera rápida y sucia de estimar el *"tema"* de una página. Simplemente no lo sobrestime, es un número, nada más y es inútil para SEO aunque algunos expertos digan lo contrario.

Otra pregunta interesante: ¿por qué este mito sigue vivo y por qué hay tanta gente todavía hablando de la densidad de palabras clave como un importante factor de clasificación? Tal vez, porque la densidad de palabras clave es fácil de entender y modificar si es necesario. Usted puede verlo aquí mismo y aprender rápidamente si su sitio va bien o mal. Bueno, realmente, la densidad de palabras clave es inútil, ¡recuerda!

3. **URLs dinámicas frente a URLs estáticas**

   Créanme o no, no hay diferencia. Ambos son del mismo valor de SEO. Los días en que los motores de búsqueda tuvieron dificultades para indexar sitios web de URL dinámica se han ido para siempre.

4. **Www.site.com vs site.com**

   No hay diferencia tampoco. Si desea que su sitio se acceda con ambas formas, por favor, agregue algo como esto en su archivo .htaccess:

   ```
   RewriteEngine on
   RewriteCond %{HTTP_HOST} ^domain.com
   RewriteRule (.*) http://www.domain.com/$1 [R=301,L]
   ```

5. **Subrayado vs. guión en URLs**

   Una vez más, no hay ninguna diferencia con el punto SEO. Puede usar subrayado, o guión, o incluso no utilizar ningún separador en absoluto - esto no ayuda, ni perjudica su posición en SERPs.

6. **Subcarpetas**

   ¿Es mejor tener un archivo **/widget-rojo-para-plantillas.php en** lugar de **/widgets/red/index.php** ? ¿Daña tu rango si pones el contenido en profundidad en las subcarpetas? La respuesta es no, no va a hacer daño a su clasificación y en realidad no importa en absoluto lo profundo en el árbol de carpetas que un archivo se encuentra. Lo que importa es *cuántos clics se tarda en llegar a ese archivo desde la página principal* antes que el usuario abandone.

Si puede llegar a ese archivo en un solo clic - sin duda es más importante y tendría más peso que decir algún otro archivo ubicado a 5 clics de distancia de la página de índice. La página principal suele tener muchos enlaces de jugo para compartir, por lo que las páginas a las que enlaza directamente son obviamente más importantes que otras (bueno, ya que reciben más jugo de enlaces).

7. **Validación del** W3C

W3C es World Wide Web Consortium (http://www.w3.org/), Un consorcio internacional donde los miembros de las organizaciones, un personal de tiempo completo y el público trabajan juntos para desarrollar estándares Web. Básicamente hablando, son chicos que inventaron HTML, CSS, SOAP, XML y otras tecnologías para la web.

La validación es el proceso de verificar que una página o sitio web cumpla con los estándares del W3C. Puede ejecutar una validación de cualquier sitio web de forma gratuita en http://validator.w3.org/. Tenga en cuenta que este validador muestra no sólo cosas tan triviales como la cita no incluida, las etiquetas no definidas o los valores de atributo erróneos. También comprueba los problemas de codificación, el cumplimiento con el DOCTYPE especificado, las etiquetas y atributos obsoletos y muchos más.

¿Por qué es necesaria la validación? Un sitio web 100% válido garantiza que se mostrará correctamente (e idénticamente!) En todos los navegadores compatibles con estándares. Por desgracia, en la vida real algunos navegadores no siguen estrictamente los estándares W3C, por lo que una variedad de diferentes problemas entre navegadores con el número de sitios web no son cosa rara en toda la web. Sin embargo, esto no minimiza la importancia de los estándares del W3C.

Desde el punto de SEO la validación no parece tan crucial sin embargo, ejecute una validación a través de google.com y verá un montón de advertencias y errores en su sitio web. Este ejemplo demuestra claramente que a Google no le importa la validación del W3C. Por lo menos no tanto para dar un impulso de rango fuerte a sitios web válidos o penalizar los erróneos. Simplemente no le importa. La estrategia recomendada de validación del W3C es: realizarla para que su sitio funcione y sea accesible con todos los navegadores comunes y no se moleste en hacerlo solo con los propósitos de SEO, si no experimenta ningún problema entre navegadores - funciona bien ya es importante.

3.1.4. Cosas que dañan sus clasificaciones

1. **Keyword relleno**

   Google define este término bastante claro. Una vez más: Escribir para los seres humanos. Repetición de palabras clave a través de la página puede disparar filtro de spam de Google y esto dará lugar a una pérdida enorme de posiciones o la prohibición total de su sitio web. Escribir naturalmente, optimizar un poco si es necesario - que es la mejor manera de usar palabras clave hoy en día.

2. Texto oculto / enlaces invisibles

Al principio, veamos lo que dice Google sobre el texto oculto:

http://www.google.com/support/webmasters/bin/answer.py?an swer=66353

Obviamente, a Google no le gusta y si su sitio utiliza esta técnica puede ser excluido del índice de Google. Usted puede preguntar, ¿cómo Google sabría si utilizo texto oculto o no? Ok, puedo configurar "display: none" en mi archivo CSS externo y limitar el acceso a ese archivo CSS con mi robots.txt. ¿Podrá Google saber que una página tiene un texto oculto? Si y no. Esto podría funcionar a corto plazo, pero a la larga fracasará, tarde o temprano google se entera. Además, se ha informado de que GoogleBot no siempre sigue estrictamente las instrucciones de robots.txt, ni otros buscadores, así que asegúrate de no cometer este tipo de error porque le podría costar caro a su web.

3. Páginas de entrada

Tan malo como podría ser algún método de SEO. Las páginas de entrada son páginas de destino especiales creadas con el único propósito de obtener buenas posiciones para una determinada palabra clave. No tiene ningún contenido valioso y su único propósito es atrapar al visitante de la SERP y redirigirlo a otra página, que no es de entrada y que por lo general, es absolutamente irrelevante para la consulta del visitante inicial.

4. Splogs

Splogs (derivado de Spam Blogs) es la versión moderna de las puertas del viejo mal. La técnica era la siguiente: uno creó miles de blogs en algunos servicios de blogs gratuitos como blogspot.com, los enlazó unos con otros y obtuvo algunos backlinks a través del spam de comentarios en blogs y otros métodos de blackhat (ver abajo). Splogs en sí no contenía información única, su contenido siempre fue generado automáticamente en artículos rellenos con palabras clave, sin embargo debido a un gran número de enlaces entrantes tales splogs clasificaron muy bien en SERPs desalojando muchos blogs legítimos. Más tarde, Google implementó algunos filtros para protegerse de la gran cantidad de splogs y ahora cualquier splog se prohíbe bastante rápido.

Si posees un blog, no lo hagas spam. En su lugar, centre su atención en la escritura de contenido bueno e interesante. Esto es lo que mejor funciona.

5. Cloaking

No es tan malo en algunos casos particulares, pero sigue siendo una técnica blackhat. El método se basa en determinar si un visitante es un humano o un motor de búsqueda araña y luego decidir qué contenido mostrar. Los seres humanos obtenían una variante de la página web, mientras que los motores de búsqueda tenían acceso a otro rellenos con palabras clave.

6. Contenido duplicado

Siendo un espantapájaros para muchos webmasters, el contenido duplicado no es tan peligroso como se habla. Hay dos tipos de contenido que se puede llamar duplicado. El primer caso es cuando un sitio web tiene varias formas diferentes de acceder a la misma página, por ejemplo:

http://www.somesite.com/

http://somesite.com/

http://somesite.com/index.php

http : //www.somesite.com.index.php? Sessionid = 4567

etc.

Todos los cuatro se refieren a la misma página, pero en realidad se tratan como páginas diferentes que tienen el mismo contenido. Este tipo de problema de contenido duplicado es fácilmente resuelto por Google , lea el siguiente enlace:

http://www.google.com/support/webmasters/bin/answer.py?answer=139394&ctx=sibling

Y compruebe que no conduce a ninguna penalidad de Google.

El otro tipo es el contenido duplicado en diferentes nombres de dominio. El contenido de un sitio web se considera duplicado si no agrega ningún valor al contenido original. Es decir, si simplemente copia y pega un artículo en su sitio, es un contenido duplicado. Si copia-pega un artículo y agrega algunos comentarios o revisa desde tu punto de vista, eso no es contenido duplicado. La característica clave aquí es un **valor añadido** . Si un sitio agrega valor a la información inicial - no es duplicado.

Hay otros dos momentos que vale la pena mencionar. Primero, si alguien copia "*su*" Texto y los mensajes luego en otro sitio - es muy poco probable que usted sea penalizado por eso. Google registra la antigüedad de cada página y tiende a considerar a la antigua - y es su sitio web en este caso - como la fuente del texto original. En segundo lugar, usted todavía puede pedir prestado los materiales de otros sitios web sin un riesgo significativo de ser penalizado por el contenido duplicado, simplemente volver a escribir el texto con sus propias palabras. Hay una manera de producir textos aleatorios únicos usando *cadenas de Markov* , sinonimizadores y otros métodos, pero no recomendaría usarlos, ya que la salida parece demasiado spam y no es natural de todos modos, por lo que realmente puede perjudicar su posición de Google. Escriba para los seres humanos. Escriba usted mismo.

7. **Marcos**

La tecnología de marcos no es un blackhat SEO por sí mismo y todavía puede perjudicar a su ranking, porque los motores de búsqueda no les gusta los marcos, ya que destruyen todo el concepto de la web – una sola página para una sola URL. Con marcos, una página puede cargar y mostrar el contenido de muchas otras URL, lo que hace que sea muy difícil rastrear e indexar. Evite usar IFRAME y otras etiquetas asociadas, a menos que realmente tenga que hacerlo y si lo hace, proporcione una forma alternativa de indexar el contenido de cada trama con enlaces directos o utilice la etiqueta NOFRAMES con algún contenido de respaldo mostrado a los motores de búsqueda.

8. **JavaScript y Flash**

   Google puede leer tanto JS como Flash (su parte de texto por supuesto), pero no se recomienda construir su sitio basándose únicamente en estos dos. Siempre debe de haber una manera para un visitante (ya sea humano o bot) para leer el contenido de un sitio web con los enlaces de texto simple y sin formato. No confíe exclusivamente en la navegación JS o Flash - esto matará sus perspectivas de SEO tan rápido como el headshot.

3.1.5. Resumen de factores On-Page

Bueno, si usted ha leído cuidadosamente las partes anteriores ya puede averiguar el resumen usted mismo. El contenido es el rey, pero sólo uno de calidad. No trate de engañar o engañar a los motores de búsqueda, ya que esto sólo funciona a corto plazo y siempre es sólo una cuestión de tiempo de que su ranking se desvanezca para siempre. Proporcionar contenido relevante de alta calidad interesante tanto para usted como para sus visitantes es la clave para el éxito del ranking en la página. Es la mitad del camino hacia el éxito junto con los factores de ranking Off-Page o fuera de página en español.

3.2. Factores de clasificación Off-Page

3.2.1. ¿Qué es?

A finales del siglo XX, los motores de búsqueda clasificaban los sitios web basándose únicamente en su contenido. La situación ha cambiado después del triunfo de Google. Las posiciones en Google se basaban en la popularidad del enlace y no sólo del contenido de los sitios web. Por lo tanto, los enlaces más entrantes de un sitio web lo premiaba en lo más alto de la tabla del directorio de Google. El concepto no cambió mucho por aquellos días - sitios web populares a menudo se vinculaban porque se aplicaba este factor para calcular los rankings de la web junto con el contenido de dichos sitios. En los días actuales es posible clasificar para algunas palabras clave, incluso si un sitio web no contiene esa palabra clave en su texto!

Queremos decirle a usted que debe prestar una atención especial a los factores "fuera de la página" de clasificación tanto como lo hace para la optimización en la página. Este tutorial de SEO describe todas las cosas que debe tener en cuenta y al mismo tiempo mantenga sus enlaces entrantes. Continúe leyendo por favor!

3.2.2. PageRank (Rango de página)

En primer lugar, debemos separar dos cosas: el PageRank real y la barra verde de PageRank mostrada en la Barra de herramientas de Google y otras herramientas de PageRank en línea y fuera de línea. La Barra de Google PageRank (lo llamo el PageRank verde, o gPR) es simplemente un indicador. El PageRank real de un sitio web (lo llamo el PageRank, o PR a partir de ahora) es un valor matemático que refleja la probabilidad de un visitante al azar después de los enlaces en los sitios web para abrir este sitio web en particular. El valor de 1 significa 100% de probabilidad, es decir, un visitante que navega de forma aleatoria en la web *siempre* abrirá el sitio web. Tarde o temprano. Por el contrario, el valor de 0 significa que un visitante al azar nunca llega a ese sitio web en particular a través de un enlace en algún otro sitio.

No voy a profundizar en las matemáticas del PageRank ya que esta información se puede encontrar fácilmente en la web. Sólo subrayaré los momentos clave de la naturaleza estadística del PageRank.

1. En primer lugar, debe entender lo siguiente: el número de sitios web crece cada día, mientras que el valor general de PageRank siempre permanece igual: 1 (uno). En otras palabras, hay una probabilidad del 100% de que un visitante abra un sitio en la web. Pero las probabilidades de cada sitio web en particular van cada vez son más bajas a cada minuto. Si usted tiene 1 manzana y 2 mangos, ¿cuáles son sus probabilidades de tomar una buena manzana? Son 1/3 o 33%. Si usted tiene que elegir una manzana de 100 sólo tiene un 1% de probabilidad. Ese es el caso con el PageRank - que **disminuye naturalmente todos los días**.

2. Debido al punto 1 y la enorme cantidad total de sitios web indexados no es posible mostrar el valor exacto de PageRank cada minuto. Es por eso que necesitamos el PageRank verde que se actualiza cada 3 o 4 meses y muestra el valor de PageRank en una forma más comprensible: como un número de 0 a 10. Este número se correlaciona con el PageRank real muy poco, sólo muestra la base de tendencias.

   Además, la escala gPR no es lineal. Uno puede pensar que un sitio web con PR2 es dos veces más popular (o al menos tiene dos veces más posibilidades de conseguir que el visitante al azar del que estábamos hablando antes) que su hermano de mala suerte con PR1, pero eso no es cierto. De hecho, es más probable que un sitio web PR2 sea 10 veces más popular que PR1, pero 10 veces menos popular que PR3. Algo como esto, pero el número 10 es sólo un ejemplo aquí, ya que no sabemos la fórmula exacta.

3. Desde el punto de vista práctico, el modelo de PageRank aleatorio de un usuario al azar que está navegando en la web significa: cuanto más enlaces a través de la web apunta a su sitio web, mayor es su PageRank.

Por lo tanto, ahora usted sabe que **el factor de clasificación clave fuera de la página es el número de enlaces entrantes a un sitio web** y el PageRank verde es el indicador indirecto de ese número. Sin embargo, el mecanismo matemático PageRank considera sólo una **cantidad** de enlaces, mientras que de hecho hay también un factor de **calidad** . Esto se implementa a través de diferentes filtros y factores de dumping de valor que Google aplica a cada enlace antes de incluirlo en el cálculo de PageRank.

3.2.3. Cosas importantes

Esta parte describe los factores cruciales Off-Page de clasificación que siempre debe prestar atención. No olvide nunca que estos factores le ayudará mucho en el posicionamiento de la Web.

1. **El tema de los enlaces a la página web**

   Este es muy importante ya que los enlaces de un sitio web relevante valen mucho más. En los esfuerzos de construcción de vínculos, intente buscar en los sitios web cercanos o al menos similares al propio tema de su sitio. Aunque tener un enlace desde el sitio no relacionado no es malo por sí mismo e incluso Google admite que un webmaster no tiene un control completo sobre quién y cómo los enlaces a su sitio web. Sin embargo, evite enlaces de sitios web o sitios no relacionados con contenido ilegal o poco ético (porno, malware, etc.).

2. El tema de los sitios web que enlazan

Por otro lado, usted tiene un control total de los enlaces colocados en su propio sitio web por lo que si enlaza a algún sitio web no relacionado - es usted quien es responsable de eso y su sitio será Penalizado. Así que tenga cuidado con los sitios a los que enlazas. La vinculación a algún contenido no relacionado no conduce necesariamente a una pena, pero de todos modos usted debe ser cauteloso y ligarse solamente a los sitios Web de calidad.

3. Texto de anclaje

El texto de anclaje del enlace de entrada es muy importante y si se puede ajustar - tratar de exprimir todo fuera de ella. En primer lugar, evite utilizar el mismo texto de anclaje en todos los enlaces. Utilice sinónimos, frases, palabras clave diferentes, cualquier otra cosa. En segundo lugar, poner las palabras clave importantes en el comienzo del texto de anclaje. Por último, no ponga todas sus palabras clave en el enlace. Realmente no hay razón para utilizar texto de anclaje de más de 50-55 caracteres o 10-12 palabras. Que sea breve.

4. Páginas de destino

Este factor es a menudo ignorado incluso por algunos SEOs profesionales y webmasters. No es suficiente simplemente tener un enlace a su sitio! El enlace debe ser:

a) relevante

b) de calidad

Y debe estar seguro de que ambos sitios web - el enlace y el vinculado - califican para estos requisitos. En cuanto al tema de la página web de enlace - ver el punto 1. Pero el tema de su sitio web también debe ser de calidad y pertinente tanto para el sitio web de los donantes y el texto de anclaje del enlace.

Bueno, de echo no es necesario, pero ayuda mucho tener páginas de aterrizaje adecuadamente optimizadas para cada enlace que tenga. ¿Qué incluye esta "adecuada optimización"?

- La página de destino debe incluir las palabras clave mencionadas en el texto de anclaje en su contenido.

- Las palabras clave deben aparecer en todos los lugares importantes como la etiqueta de título, los encabezados etc.

- El tema general de la página debe coincidir con esas palabras clave.

Si una página de aterrizaje califica para todos estos - obtiene impulso significativo a su rango, porque los enlaces entrantes correspondientes obtienen mucho más valor ahora.

5. **PageRank**

El PageRank no hace nada por sí mismo y el PageRank verde hace aún menos - es simplemente un EGO-metro. Sin embargo, el PR del sitio web de enlace (o un candidato) le da una aproximación de lo que vale el enlace de este sitio web, qué valor tiene. Además, el sitio web de alto perfil es considerado como de confianza y obtiene algo más de Google. Vea a continuación más factores de confianza.

Un solo enlace de un sitio web PR10 (si de alguna manera se las arreglan para tener uno, por supuesto) aumentará rápidamente su propio sitio web PR a 7 o incluso 8, dándole el impulso comparable en sus posiciones de búsqueda. Pero este factor es el último en la lista de factores importantes fuera de la página, ya que en primera mano debe encontrar un **sitio web relevante y de calidad** que esté dispuesto a poner un enlace a usted y luego (sólo entonces!) Comprobar su PageRank exactamente en ese orden. Porque el contenido de calidad vale más que el PageRank alto.

3.2.4. Cosas útiles

1. **Enlace recíproco**

    a. La vinculación recíproca básica es muy simple: el sitio A enlaza al sitio B mientras que el sitio B enlaza con el sitio A.

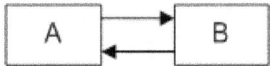

    Hay otros esquemas sin embargo:

    b. Enlace cruzado. Sitio A1 enlaza al sitio B de la página B1, mientras que el sitio B1 enlaza al sitio A de la página A1.

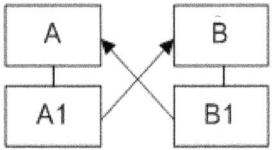

c. Enlace circular. Sitio A enlaza al sitio B, sitio B enlaza al sitio C, ... sitio Z enlaza al sitio A.

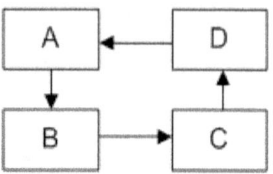

d. Tres en una fila de vinculación. Sitio A enlaza al sitio B, el sitio B enlaza al sitio C. No hay enlace de regreso de C.

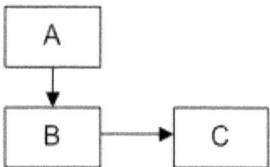

e. Conjunto.

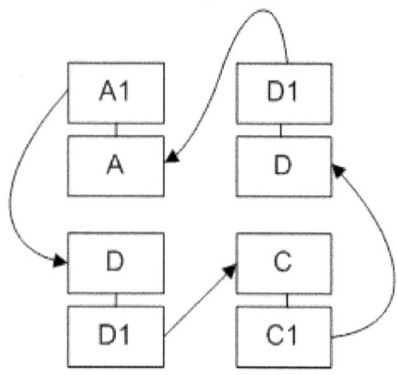

2. Hay una fuerte incredulidad de que la vinculación recíproca ya no funciona. Eso no es cierto. Funciona, pero la eficiencia de este método es mucho menor de lo que era en 2006. En 2009, Google reduce en gran medida el valor de los enlaces

recíprocos, especialmente para los esquemas a y c, pero todo el concepto sigue funcionando y realmente ayuda a ganar Rankings en las etapas tempranas y medias de promoción SEO cuando literalmente cada enlace cuenta.

Aunque hay algunas exclusiones (como siempre). Huelga decir que todavía tiene que elegir a los socios para la vinculación recíproca con mucho cuidado. Considere el tema de la página web de enlace, su calidad, su vecindario (otros sitios a los que enlaza), considere la página que apuntaría a su sitio, preste atención al texto de anclaje del vínculo, etc. No se le ocurra intercambiar enlaces con sitios web de spam, o sitios web que usan spam de correo electrónico para sugerir la asociación. No ponga un enlace a 17 clics de profundidad de la página principal.

Por lo general, no use un enlace nofollow, pero incluso un enlace nofollow de un sitio relevante puede traer una carga de los visitantes de destino a su sitio por lo que depende de usted para decidir si es sólo el enlace de jugo que se espera del enlace Intercambio o atraer visitas también. Por cierto, también desea un enlace de una página que ya tiene 50 enlaces o + en él?. Y la nota final, pero aún así importante: **No insertar e-mail de propietarios de sitios web en toda la web con la propuesta de intercambio de enlaces!** Eso apesta y de todos modos casi nadie contesta. Con tal actividad, posiblemente recibirá una pena de SpamCop o de algunos otros paranoicos. No hagas eso, te lo aconsejo.

3. **Directorios web**

   Una técnica más que todo el mundo dice que ya no funciona. Bueno, para ser honesto la eficiencia de los directorios web nunca fue tan sorprendente. De hecho, sólo hay un directorio web que ciertamente desea incluirse en: Open Directory de Google (o DMOZ). Google Directory es un directorio web gratuito, editado por personas de alto valor. Es un poco difícil de incluir en él, ya que a menudo lleva meses antes de que su presentación sea aprobada (si alguna vez lo hace), pero el juego vale la pena - un enlace de DMOZ es un impulso significativo a su sitio web de valor y un gota de vida por el jugo que nos aporta a la web.

   Si usted tiene algunos fondos libres para gastar, es posible que también desee ser incluido en varios directorios de inclusión pagados, sobre todo en diarios de noticias.

   http://www.web-directories.ws/sitemap.php

4. **Marcadores sociales (SM)**

   Solían trabajar muy bien, pero debido a enormes cantidades de spam en los sitios web de marcadores sociales, el método no es tan eficiente como lo era hace 2-3 años. La promoción de un sitio web a través de los sitios web de marcadores sociales tiene sus pros y sus contras:

   1. **Pro:** Los sitios web SM se rastrean con mucha frecuencia - cada 2 o 3 horas. Esto significa que si logras llegar allí obtendrás tu pieza de tráfico de los motores de búsqueda muy pronto.

2. **Pro:** Los marcadores sociales no sólo le ayudan a aumentar la fuerza de su enlace, sino que también aportan algo de tráfico puro de los sitios de marcadores. Dependiendo de la popularidad del artículo publicado en SM el tráfico a su sitio web podría variar de pocos granos de arena a una avalancha pura.

3. **Con:** Desafortunadamente, no puedes simplemente marcar un enlace a tu sitio web y esperar el tráfico. Esto podría haber funcionado en los primeros días de marcadores sociales, pero ahora no. En primer lugar, la cantidad de mensajes por minuto no deja muchas posibilidades a cada post particular para obtener popularidad. Su marcador simplemente se puede perder entre cientos de miles de otros. En segundo lugar, los sitios web SM a menudo tienen moderadores o alguna forma de que otros usuarios desaprueben una publicación inapropiada o un marcador. Por lo tanto, si desaprueban, un marcador de su propio sitio web, se eliminará el vínculo y se prohibirá su cuenta.

Sin embargo hay algunas soluciones para esto.

- Lo bueno. Publicar un artículo o algún otro **valor** (¿me escuchas? Dije valioso!) Contenido en su sitio web y esperar hasta que alguien más enlace a el. A continuación, debe marcar este sitio en su lugar. Esto no aumentará su popularidad de enlaces o

PageRank, pero le traerá visitantes. Oh, ¿me olvidé decir que el otro sitio de enlace podría ser tuyo también? Así que usted puede tener un sitio web comercial con el artículo y un blog no comercial donde se menciona ese artículo comercial. O incluso puede tener otro blog donde se menciona el blog que menciona el artículo comercial.

- Lo malo. Cree tantas cuentas falsas como sea necesario para promocionar su marcador en todos los sitios de marcadores sociales. Trabaje duro ahora que se ha revelado el método de hace siglos y ahora los sitios web SM están muy cargados con ese tipo de spam.

4. **Con:** Una cosa más mala sobre los marcadores sociales es; tienden a trabajar por un período limitado de tiempo. Te traen un toque de tráfico en el corto plazo, pero luego simplemente se agotan y sólo dan pocas visitas a la semana y desaparecen. Por otro lado, incluso pocas visitas sigue siendo más que ninguna visita en absoluto.

5. **Con:** Y lo peor del marcador social es la calidad del tráfico que producen. El tráfico de un sitio web de marcadores sociales no está bien orientado, se basa en el impulso de la curiosidad, no en la intención. Esto significa que usted recibirá una gran carga de tráfico, pero si logra convertir sólo el 1% del mismo en

clientes, puede felicitarse a sí mismo. ¡Ha hecho un buen trabajo! La tasa de conversión para este tipo de tráfico es extremadamente baja por lo que esta receta sólo funciona bien para una clase limitada de sitios web y productos. Aunque todavía es bueno si desea construir una comunidad o simplemente necesita muchas personas en su sitio web por alguna razón (AdSense y así sucesivamente).

Factores de confianza

Hay montón de factores de clasificación que sólo tiene un control limitado. Estos factores no agregan un valor directamente al rango de un sitio web. En cambio, aumentan su *calificación de confianza*. Google (y otros motores de búsqueda también) prefieren sitios web de confianza y da un impulso a su clasificación. Los factores de confianza incluyen:

1. **Edad del nombre de dominio**. Los viejos Web site parecen más dignos de confianza que otros. Si el dominio no cambia su propietario, obtiene aún más puntos de confianza (aunque no pregunte cuántos).

2. **El número y la calidad de los enlaces entrantes, el PageRank**.

   Si muchos otros sitios web enlazan a éste - se considera digno de confianza. La calidad de los enlaces no juega un papel significativo, ya que no puede ser responsable de los enlaces que apuntan a su sitio web como usted no tiene ningún control sobre eso. De lo contrario sería posible perjudicar a sus competidores mediante la publicación de enlaces a ellos desde algunos sitios de malware.

3. **Contenido del sitio web** .

   Si un sitio web utiliza pop-ups, pop-unders o algunos de los métodos SEO blackhat - su calificación de confianza es menor.

4. **Enlaces salientes** .

   Si un sitio web tiene enlaces a otros sitios de confianza, recibe un impulso a su propia calificación de confianza.

Creo que hay más, pero estos son los más importantes.

Notas de prensa, recursos relacionados, boca a boca, etc.

Eso es un poco fuera del tema SEO, pero todavía puede ayudar a obtener un par de enlaces. ¿Tienes alguna información exclusiva? Compártelo con la comunidad en algún recurso temático. ¿Tiene alguna noticia asombrosa en su industria? Dile al mundo sobre ello con un comunicado de prensa. ¿Estás ejecutando una acción promocional especial u ofreciendo un cupón de descuento? Hágale saber a los demás.

Todos estos por lo general no requiere un solo centavo de usted. Puede enviar un comunicado de prensa a través de PRWeb (http://www.prweb.com/), puede registrarse en algunos foros dentro de su industria para compartir sus pensamientos, puede decirle a otros de sus cupones promocionales en Giveaway of the Day o RetailMeNot y otros sitios similares. ¡No descuiden el poder del boca a boca!

3.2.5. Cosas inútiles

Estos factores de clasificación "*fuera de página*" que no funcionan (algunos - nunca lo hicieron) o su valor es insignificante.

1. **Muchos enlaces apuntan a la misma página**

   Si una página tiene varios enlaces apuntando a la misma URL, esto no dará ningún valor adicional de SEO, ya que Google solo considera el primer vínculo de la página. Desde el punto de optimización de la página, significa que desea colocar los vínculos del menú de navegación en algún lugar cerca del final de su código HTML. Desde el punto fuera de la página esto significa que sólo se necesita **un enlace desde una URL**, porque de todos modos, sólo la primera cuenta.

   Además, incluso puede doler un poco. Supongamos que hay una página externa que tiene 3 enlaces en total, uno de ellos apunta a su sitio. Esto significaría que un tercio del *jugo de enlace* total de esa página fluye en su sitio web. Imaginemos entonces que usted pidió a un webmaster poner más enlaces a su sitio a esa misma página. Así que ahora tiene 4 enlaces, mientras que dos de ellos apuntan a su sitio. Entonces el jugo de enlace ahora se divide en 4 partes en lugar de 3, pero bueno! - el segundo enlace entrante de esa página no se considera de todos modos, así que en ese caso usted está recibiendo aún menos del jugo de acoplamiento que usted hizo antes! Lo has entendido?

2. **Enlaces Nofollow**

El valor SEO de los enlaces nofollow es cercano a cero, ya que no pasa el PageRank y el jugo de enlace no fluye a través de ellos. Sin embargo, un enlace es siempre un enlace. ¿Te negarías un enlace nofollow desde la página principal de Google? Este enlace no le daría ningún valor de SEO, pero el flujo de tráfico que generaría podría aplastar a cualquier presa.

3. **Enlaces en la firma**

La firma del mensaje del foro es un lugar popular para los enlaces-salientes, pero el valor de SEO de tal método es extremadamente bajo. El hecho es que nadie lee su firma a menos que usted se convierta en una figura significativa en esa comunidad e incluso entonces los enlaces-salientes de la firma no valen mucho. ¿Cuántas veces ha abierto el enlace de alguien de la firma usted mismo?

El impacto directo de SEO de tales enlaces-salientes es también minúsculo - los enlaces-salientes son generalmente nofollow e incluso siendo dofollow y estando colocados en las profundidades de los asuntos del foro. La cantidad de jugo de enlace que podría obtener a través de ellos no vale la pena ser mencionado.

¿Significa esto "olvidar los vínculos en la firma"? No. Si logras ser parte de la comunidad y tienes algo de autoridad allí, cada palabra hablada de ti (y tus vínculos de firma también) atraerá la atención de toda la comunidad. Se necesita tiempo y esfuerzos para asegurarse, pero no hay tal cosa como el esfuerzo que usted conoce.

4. **Enlaces del libro de visitas**

La vieja técnica que nunca funcionó.

5. **Enlaces de comentarios de blogs**

No publique comentarios en un blog por el único motivo del enlace. Primero, esto es SPAM. En segundo lugar, esto no funciona de todos modos. En tercer lugar, la mayoría de los blogs tienen enlaces nofollow en el comentario por lo que no pierda su tiempo en algo que no le ayuda, pero todos caen en el mismo error al mismo tiempo. Solo es importante si menciona algo de su web y lo usa para atraer visitas.

6. **Enlaces No-PR**

La cantidad de link juice que el enlace no-PR tiene es absolutamente pequeño y lo que es más importante el rating de confianza que pasa a los sitios vinculados es pequeño también. Esto significa que es crucial obtener enlaces desde sitios de alto PageRank. Perder su tiempo en PR0 o sin sitios de relaciones públicas no vale la pena, porque necesita una carga masiva de tales enlaces para los cambios en su ranking de sitios web que probablemente ni siquiera le aceptarán.

El PageRank por sí mismo (como se indica en las secciones anteriores) no afecta directamente a la posición de su sitio web, pero afecta a la calificación de confianza de otros sitios que enlazan con usted. Ya que desean enlaces de sitios web de confianza en primera mano, debe preferir enlaces de alto PR antes de todos los demás.

7. **Presentación del artículo**

   Esto ocurre a menudo en muchas preguntas frecuentes y
   guías SEO en toda la web: escribir un artículo y enviarlo a los
   sitios web del artículo. Eso no funciona. Bueno, ok, puede ser
   que se utilizara para trabajar en el pasado, pero ahora no lo
   hace. ¿Qué es un artículo? Es una pieza de texto útil
   interesante para sus lectores. Ahora imagina a un chico que
   está interesado en la lectura 100.000 + artículos muy
   similares en algún sitio web del artículo. ¿No puedes? ¿Cuál
   es el problema? El problema es: tal tipo nunca leerá. Nadie
   quiere leer un artículo hecho a partir de las partes de otros
   diez artículos cada uno de los que a su vez fue construido a
   partir de algún artículo inicial escrito a principios de 2003 con
   una palabra clave sinónimo de sustitución automática de
   software. ¿Quién quiere leer esos artículos? ¿Quién quiere
   vincularse a sus autores? Nadie.

   Sin duda, los artículos son buenos y que sin duda quiere
   escribir algunos. Pero enviarlos a sitios web de artículos es
   inútil. Trate de aplicar algo de *cebo de enlace en su* lugar.

8. **Enviar tu sitio a Google**

   Inútil, porque si tienes algunos enlaces entrantes te rastrea de
   todos modos, y si no lo haces, no hay diferencia si enviaste el
   sitio a Google o no - Aparecerá en SERPs. Aunque usted
   puede necesitar esto si su sitio ha sido excluido del índice por
   alguna razón - para incluirlo de nuevo cuando se arregló el
   problema.

3.2.6. Cosas que dañan sus clasificaciones

1. **Link Farms**

   Bueno, incluso un niño sabe - las granjas son malas, nunca participen en granjas de enlaces y así sucesivamente. ¿Qué es la granja de enlaces? Es un grupo de sitios web que simplemente enlazan entre sí. La técnica funcionó muy bien en el comienzo de los años 2000 debido a una alta influencia del parámetro de popularidad del enlace a los SERPs en esos días. Entonces los motores de búsqueda introdujeron un filtro y ahora el valor de las granjas de enlaces para SEO tiene solamente consecuencias negativas para su posición del Web site. No participe en las granjas de enlaces, tampoco las cree.

2. **Sitios de FFA (Free-For-All)**

   Otro viejo ejemplo malo de método SEO que funciona en contra de la forma en que se suponía que funcionaba. La idea es tener un sitio que se conecte a otros, pero la cantidad de enlaces es limitada y todos los enlaces se desplazan cada vez que se envía un nuevo enlace al sitio de FFA. Prácticamente, esto significa que miles de webmasters envían sus enlaces a FFA y cada enlace en particular sólo se muestra unos 5 minutos antes de que se desaloje del sitio por otra carga de enlaces. ¿Adivinan qué valor de SEO tienen tales enlaces?

   Si usted esperaba conseguir un montón de tráfico humano - usted también está equivocado. Todo el tráfico en el sitio de FFA es generado por otros webmasters que envían sus enlaces. La mayoría de ellos lo hacen automáticamente para que no visiten otros enlaces. Así que por este lado el valor FFA es negativo también. Por último, FFA es a menudo una forma de recopilar correos electrónicos de trabajo para propósitos de SPAM, por lo que resumimos todo lo anterior: Al enviar a FFA obtiene un enlace de 5 minutos que nadie visita y toneladas de spam a su dirección de correo electrónico. Suena poco atractivo, ¿verdad?

3. **Foro / Blog / E-mail Spam**

Simplemente - el spam es spam. La primera regla del SEO ético es: no use métodos de spam. La segunda regla del SEO ético es: ¡no use métodos de spam! Lea esto cuidadosamente y recuerde: no use métodos de spam. Nunca. Te voy a maldecir si lo haces.

Ahora, dejando atrás las emociones, aquí hay una explicación más técnica de por qué el spam es malo.

   o Spam se ríe de los lectores del foro, lectores del blog y propietario del destinatario de correo electrónico.

   o Los enlaces Spam en foros o blogs son inútiles en los términos de SEO, porque los foros donde se puede publicar libremente comentarios de spam son por lo general de muy baja calidad y, por tanto, tales enlaces no le dará ningún jugo. Por otro lado, los recursos de calidad suelen ser moderados por humanos y sus comentarios de spam no pasará de todos modos.

   o Alguien puede denunciar de su actividad de spam a SpamCop u otros antispam.

- o El Spamming requiere un alojamiento a prueba de abuso, un registro de dominio a prueba de abuso, un procesador de pagos a prueba de abuso y una conciencia a prueba de abuso. ¿Tienes todos esto?

4. **Enlaces pagados**

Bueno... Fue una decisión difícil si poner los enlaces pagados en "Parte perjudicial", en "Inútil" o en "Útil"... Porque los enlaces pagados son todos estos modos: útil, inútil y puede perjudicar su clasificación dependiendo de cómo los use. Personalmente, nunca compré enlaces y no recomendaría hacerlo. El enlace de pago es algo que rompe todo el concepto de la WWW: *"Me vinculo a ella, porque es interesante o relevante"* tratándola a *"me vinculo a ella, porque me pagaron por ella"*. Eso no es vincular, eso es publicidad. Y es por eso que muchos motores de búsqueda están tratando los enlaces de pago muy cautelosos en estos días. El valor de los enlaces pagados es muy bajo ahora y si Google de alguna manera encuentra que un sitio web prefiere enlaces pagados sobre los naturales que puede obtener una multa o ser eliminado del índice.

Sin embargo, a pesar de lo anterior, los enlaces pagados podrían ser útiles en la promoción de su sitio web. Sin embargo, debe tener en cuenta que, ya que los enlaces pagados son la publicidad, deben ser *nofollow de* acuerdo con las directrices de enlaces pagados de Google . De esta manera un enlace pagado es simplemente la promoción de un sitio web y no conduce a la transferencia de la conexión de jugo a ella. Eso es aceptable, pero puesto que el enlace es nofollow, usted debe prestar más atención donde compra estos enlaces. Elija sitios web apropiados que estén cerca de su tema, compruebe su calificación crediticia, no dude en hacer una llamada telefónica o una consulta por correo electrónico si tiene alguna duda sobre ellos. Un enlace de alta calidad es mejor que 10 enlaces de basura, no importa si los enlaces son naturales o pagados.

5. **Vecinos inapropiados**

   Esto funciona de dos maneras:

   a) si algún sitio desagradable enlaza con usted;

   b) si se enlaza a algún sitio desagradable.

   Ambos son malos. El primer caso es malo, ya que perjudica la calificación de confianza de su sitio. Si un malo se vincula con usted - usted también es un chico malo. La segunda no es mejor tampoco - que directamente empeora sus posiciones de ranking.

   ¿Qué queremos decir con "vecinos inapropiados"? Se trata de malware, pornografía, hack, casino y otros sitios web de tipo cuestionable. Así que no enlace a estos sitios web y trate de no tener ningún enlace entrante de ellos también, aunque no se puede controlar directamente, por supuesto.

6. **Sitios web** no **relacionados**

   No tan malo como el anterior, pero todavía puede traer un poco de ranking. Trate de obtener enlaces de las fuentes relevantes - sitios web de su propio tema o al menos relacionados con él. ¿Por qué? Debido a que los motores de búsqueda no sólo consideran el texto de anclaje de un enlace, sino que también leen el texto circundante que lo precede y lo sigue y lo agrupa con el texto de su sitio. Si los sujetos de ambos sitios difieren significativamente - el enlace se filtra y su valor es descuidado por un motor de búsqueda. En pocas palabras, es mejor tener un enlace de un sitio relevante que cinco enlaces de los que están tan lejos de su sitio web como el Sol de la Tierra.

3.2.7. Resumen de factores de clasificación Off-Page

Vamos a resumir la parte anterior de esta guía de SEO. He aquí una breve sinopsis de lo que ya leíste:

1. Buen enlace entrante es un enlace desde un sitio relevante, de alto PR y estrechamente relacionado con el suyo.

2. Buen enlace de entrada tiene palabras clave de destino en su texto de anclaje y alrededor del enlace en sí.

3. Un buen enlace entrante apunta a una página de destino diseñada especialmente para cada palabra clave de destino.

4. Los enlaces y directorios recíprocos siguen funcionando, pero no esperen milagros.

5. No pase por alto los sitios de marcadores sociales.

6. La sumisión del artículo es inútil.

7. No mandar correo basura.

8. Los enlaces pagados pueden molestar o ayudar según sean. Para evitar problemas deben ser nofollow.

9. Mantenga sus enlaces limpios y relevante.

4. Estrategias de SEO

En esta sección del tutorial SEO vamos a describir las estrategias, insustituible para elevar la posición de su sitio en Google y otros motores de búsqueda. Como antes, vamos a hablar sobre las estrategias de la página dentro y fuera por separado, sin embargo usted debe entender que, a fin de lograr la más alta eficiencia de sus esfuerzos todas las estrategias se deben trabajar juntas. No debe haber preferencias en el contenido o en el vínculo link-builidng. Ambos son cruciales y ambos requieren su atención constante.

4.1. Estrategias de SEO On-Page (en la página)

El contenido es el rey. Su principal estrategia de SEO en el sitio es construir el contenido interesante para sus visitantes, proporcionando información y valor, describiendo correctamente los servicios que ofrece, pero que no sea un pedazo de texto sin sentido y quedando olvidado dos segundos después de haber terminado de leerlo. Al mismo tiempo, el contenido debe servir a su propósito de SEO - para ser una página destino de las consultas del motor de búsqueda. Sin duda, el proceso de escribir una buena copia es una creación, no el hack-work, pero sin embargo hay algunos pasos que usted puede seguir en el camino:

1. **Descubra sus palabras clave**

   Esta es la primera cosa que debe pensar al comenzar a optimizar el contenido de su sitio. No importa en qué industria esté trabajando: cada industria, cada esfera del trabajo humano puede describirse en cientos, si no miles de palabras diferentes. Y sus clientes potenciales introducir muchas de esas palabras en el cuadro de búsqueda todos los días! No puedes permitirte sentarte y ver cómo fluye este río de tráfico hacia otros lugares.

Piensa en lo que estás haciendo. Piense en lo que sus *clientes* quieren de usted. Trate de averiguar esto con palabras clave simples. Luego use sinónimos. Que sería la base de sus palabras clave. A continuación, utilice la herramienta de palabras clave de Google o la herramienta de palabras clave basada en la búsqueda. Para encontrar más sinónimos y búsquedas relacionadas que otras personas escriba en el cuadro de búsqueda. Convenientemente, usted puede ver el volumen de búsqueda por mes y la competencia aproximada para cada palabra clave que también le ayuda mucho a filtrar los mejores términos para conseguir lo deseado.

Escriba sus palabras clave y clasifique por demanda (la cantidad de búsquedas según la herramienta de palabras clave de Google) y luego por relevancia. A continuación, haga una búsqueda rápida de Google para esas palabras clave para revelar a sus competidores y **analizar** sus sitios web para extraer un poco más de palabras clave de su nicho. Seleccione las palabras clave más relevantes y demandadas de la lista final y continúe con el siguiente paso.

2. **Prepare el contenido**

Ahora, ya sabe qué palabras clave está buscando la gente y debe darles lo que quieren, es decir, preparar una *página de destino* para cada término de búsqueda. Obviamente, no es suficiente simplemente escribir una página y rellenarla con la palabra clave. Muy por el contrario, usted debe construir su página *alrededor de* la palabra clave escogida y el tema que describe. Escriba de forma natural, no descuide los encabezados y la descripción para la *serp* que hable con palabras que atraigan al lector.

Recuerda los lugares importantes donde deben aparecer sus palabras clave? Hemos descrito con detalle y ampliamente este asunto en este Tutotial. Escriba un título en lenguaje natural con la palabra clave de destino colocada en algún lugar al principio del título (lo más próximo posible), escriba un par de encabezados, nombre el archivo en consecuencia etc. ¿Cuántas palabras clave deben cubrir cada página? La mejor estrategia aquí es hacer una página de destino para 2-3 frases de palabras clave, no más. No intente dispersar el foco de sus esfuerzos. Cada página debe concentrarse en varias palabras clave de tipo corta y una docena o dos de tipo larga tal y como le explicamos en el apartado de tipos de palabras clave.

Repita el paso para todas sus palabras clave. Puede tomar un tiempo para escribir un contenido adecuado para cada uno de su objetivo y lo más importante, puede ser difícil escribir un *único* contenido no duplicado para cada una de las páginas. No haga copiar y pegar un texto a otro cambiando luego el orden de frases y palabras, no le funcionará. En su lugar, escriba con el lenguaje normal, escriba para los seres humanos (nunca me cansaré de repetirlo!). Usted no tiene que preparar todas las páginas a la vez - esto es un maratón, no un sprint.

3. Enlazar sus páginas

Un paso muy importante! Como ya saben, los enlaces relevantes a una página con el texto de anclaje adecuado son uno de los factores de clasificación más importantes. Lo más probable, en este momento es que usted no tenga muchos vínculos de retroceso de otros sitios web por lo que la construcción de los enlaces internos es crucial para usted, ya que da el primer impulso a su posición en el motor de búsqueda.

Por lo tanto, revise las páginas que tiene y haga enlaces a ellos entre sí. No me refiero a las cosas habituales de navegación. Me refiero a encontrar una palabra clave en una página y lo encierran en la etiqueta de anclaje, apuntando a la página que es estrechamente relevante para esa palabra clave. He aquí un cuadro para ilustrar este concepto:

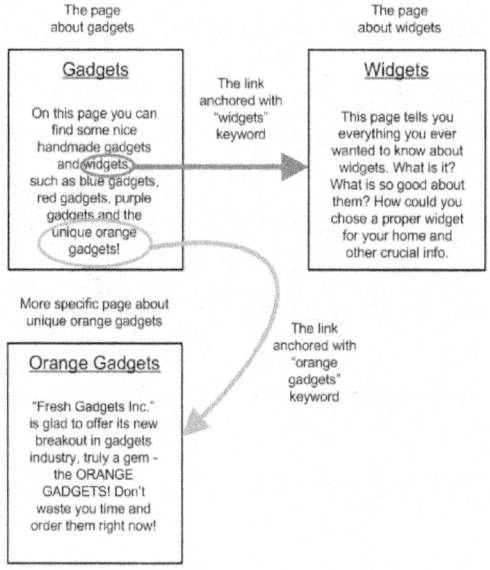

Puede ver que la página de gadgets enlaza con la página de widgets con algún término general y con alguna página más detallada (o una página de producto) con los "gadgets de color naranja". Interconectar sus páginas es extremadamente importante, pero por favor no sobrecargue sus páginas con enlaces. Demasiados vínculos dañan sus posiciones y dificultan la lectura de la página. Trate de usar el enlace sólo cuando sea necesario, es decir: cuando un enlace ayuda a un visitante a comprender mejor la información, o elegir un producto adecuado, o simplemente agrega algún otro valor a una página. Además, debe tener en cuenta que sólo el primer enlace cuenta, por lo que debe asegurarse de que sus vínculos de menú de navegación se colocan en la parte inferior de su fuente HTML, mientras que los enlaces con el texto de anclaje adecuado - en algún lugar cerca de la parte superior.

4. **Crear navegación y mapa del sitio**

Aparte de la interconexión, su sitio debe proporcionar la navegación adecuada para los seres humanos y para los motores de búsqueda. Asegúrese de que ha vinculado todas las páginas, compruebe el sitio completo de enlaces rotos, crear un mapa del sitio que agrupe todas las páginas juntas en un solo lugar y lo hacen accesible con un clic desde cualquier otra página de su sitio. No es necesario, sin embargo, crear un sitemap XML y enviarlo a Google - no dará ninguna preferencia, pero ayuda a indexar antes y en caso afirmativo le ayuda a subir posiciones con el consiguiente tráfico de posibles clientes.

5. Sigue trabajando

Mientras tus páginas recién creadas empiezan a obtener sus posiciones en SERPs, deberías seguir trabajando. Sigue escribiendo el contenido, optimízalo o modifícalo si es necesario, monitorea a tus competidores y así sucesivamente. Las cosas por lo general se cambian bastante rápido en SEO, así que no te duermas en los laureles.

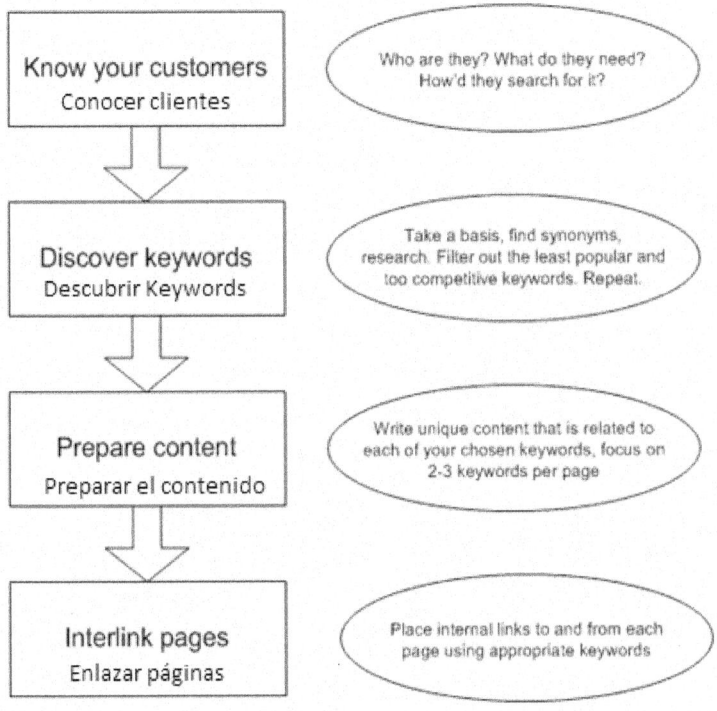

Gráfico sobre estrategia Off-Page

4.2. Estrategias SEO Off-Page (fuera de la página)

Tal vez usted esté un poco sorprendido, pero la optimización off-page comienza con el contenido (que es el rey, como usted lo recordará). **El primer paso que debe realizar antes de iniciar cualquier construcción de vínculo es el contenido de calidad.** Recuerde, es mucho más fácil obtener un enlace a algún artículo sorprendentemente creativo o informativo en lugar de a un escaso conjunto de trivialidades. Tenga un buen contenido y los backlinks de calidad se enlazaran mucho antes de lo que usted cree.

Sin embargo, el contenido por sí solo no es suficiente. Usted todavía necesita poner algunos esfuerzos en su estrategia de construcción de vínculos. Aquí les ofrecemos el paso a paso:

1. **Conozca su producto**

   Parece estúpido al principio, ¿no? Pero sorprendentemente muchas personas simplemente no saben qué ofrecen! O simplemente no saben explicar lo que venden, qué producto tratan, cuáles son sus características, por qué otras personas necesitan este producto y lo que diferencia este producto de otros productos de la competencia. Simplemente no lo saben. ¡Pero **usted** debe de saberlo para triunfar! Piense en su producto o servicio. ¿Qué tiene de único? ¿Cómo puede ayudar a otros? ¿Quiénes son sus clientes potenciales? Usted no puede ofrecer sus servicios o productos a sus posibles clientes con información a medias e incluso sin imágenes. Usted debe entender claramente **quiénes son sus clientes y por qué necesitan su producto.** Comience con eso, averiguarlo por sí mismo y luego trasmitirlo en palabras para explicar esto a sus posibles clientes o visitas a la web.

2. **Establezca objetivos**

   Ahora usted ya sabe quiénes deben de ser sus clientes, visitas y ganar conversión (hacer clientes), usted debe fijar los objetivos - ¿cuál es el propósito para usted de alcanzar a esa audiencia? ¿Dinero? ¿Fama? ¿Popularidad? ¿Por qué necesita que otras personas visiten su sitio? Ahorre unos minutos (o quizás unos días) para pensar en ello - porque vale la pena. Sin esa respuesta no tendrás éxito.

3. **Investigación**

   El siguiente paso es vital para la investigación. Antes de bucear en la construcción de enlaces, usted debe reunir tanta información del mercado como pueda. La clave del éxito es la información. Pero el valor de la información es inverso de su edad. Así que investigar el mercado, encontrar la información fresca sobre su tema, realizar algunas investigaciones personales o experimentos si es necesario, hablar con especialistas de su industria - todo cuenta. ¿Porqué escribir un artículo si la historia que dice a sus compradores potenciales es vieja y/o anticuada? Bueno, por supuesto, siempre hay alguien que no lo vio aún, pero de todos modos, algunas noticias recientes atraerán mucho más interés y eso significa mucho más enlaces entrantes también.

   También debe investigar en el mercado - lo que es popular, lo que son alternativas, cuánto cuesta, cuáles son los cuellos de botella, lo que es el ROI y así. Base su estrategia de construcción de enlaces en las tendencias actuales del mercado en su nicho.

4. **Crear contenido**

Como se dijo anteriormente, el contenido de calidad abre la puerta a muchos enlaces entrantes a su sitio. En este paso ya deberías saber quiénes son tus potenciales visitantes, el objetivo, qué objetivos persigues y así sucesivamente. Ahora ya tiene suficiente información. Llegado a este punto, es el momento de crear con todo esto atractivos textos de marketing. Si usted puede hacerlo con su propio esfuerzo - es genial! Si no puede escribirlo, trate de contratar a alguien que pueda y que sea creativo según su criterio.

5. **Comprar enlaces**

Los enlaces pagados son considerados como la forma más fácil de obtener su sitio web rápidamente clasificado en SEPRs; Pero sólo si tiene buenos fondos con usted para gastar en su campaña de SEO. Sin embargo, es **contra el SEO natural** que afecta a los resultados de búsqueda orgánica. Y, es injusto con otros propietarios de sitios web que no tienen mucho presupuesto SEO o creen en el SEO natural.

Google lanzó la actualización de Penguin , que penaliza a los webmasters que construyen backlinks mediante la compra de backlinks. Esto incluye la compra de enlaces de baja calidad o de alta calidad. Una vez que Google descubra que un enlace no es natural, es más probable que su sitio web reciba un aviso de advertencia de vínculo no natural (si ha agregado su sitio a la herramienta de Google para webmasters) y notará una caída significativa en el ranking de tráfico y palabras clave.

Otra cuestión es escribir en blogs de amigos post de invitados, esto está actualmente muy de moda en el entorno SEO, es decir, casi todos los profesionales y no tanto también, se dedican a escribir en páginas de amigos y obtienen backlins hacia su web ofreciendo de esta manera un intercambio gratis de enlaces, echa la ley, echa la trampa.

Con esto quiero decir que usted escriba en un blog de algún amigo y él en el suyo, así funciona este tipo de intercambio.

Y por último, escriba comentarios de calidad en blogs de su mismo tema.

6. **Sigue trabajando**

Una vez más, tan pronto como consigas algunos resultados de tu campaña de enlaces (o incluso si no recibiste ninguno) - no te detengas. Sigue trabajando. Repita los pasos 1-5. Construir contenido, adquirir vínculos y luego generar contenido de nuevo.

Aprender nuevos trucos, leer noticias de la industria, entrevistar a personas interesantes (¿por qué no?), Comunicarse con sitios relacionados de su campo. SEO es dinámico. Cada día sucede algo y su sitio web es mejor para reflejar los cambios, de lo contrario sus competidores le ganaran puesto en el listado de los motores de búsqueda y usted perderá clientes o visitas a su web que traducido en $ son menos ingresos.

4.3. Seguimiento de los resultados

Uno de los errores más comunes que hace un webmaster novato es el seguimiento constante de los SERPs. Sí, estoy de acuerdo en que hay algo mágico, algo hipnótico en él - viendo como su sitio sube lentamente hacia arriba (oh, sí) los SERPs o de repente se cae (oh, no!) Y luego plantea de nuevo. Es un proceso muy cautivador, pero absolutamente inútil. Créame, usted no necesita comprobar lo bien que su sitio lo está haciendo cada 10 minutos. Incluso una vez al día no será necesario, pero como dije antes; No se duerma en los laureles.

Por supuesto, usted desea saber las posiciones de su Web site. Pero esa información no es crucial, es mejor gastar su tiempo escribiendo otra página para su sitio, o ponerse en contacto con otro blogger para enlaces. Revisar sus posiciones de SERP una vez a la semana está bien. Y tampoco quiera comprobar si hay 100 páginas de resultados por delante. Olvídalo. Si su SERP se encuentra por debajo de los primeros 30 resultados - nadie lo abrirá nunca. Hay millones de sitios web en todo el mundo y el número crece constantemente, ¿por qué iba a gastar mi valioso tiempo para ver en SERPs por debajo de la primera o segunda página? Bueno, puede ser que si estuviera muy *ansioso* por encontrar algo, probablemente había mirado dos o tres páginas más, pero eso es todo - después abriría uno de los mejores sitios o parafrasearía mi consulta.

La otra pregunta popular aquí es - si se debe usar alguna herramienta para comprobar la posición del motor de búsqueda o hacerlo manualmente? Ambos puntos tienen sus fortalezas y debilidades. Obviamente, no puede darse el lujo de rastrear los resultados manualmente si tiene una carga masiva de palabras clave. Supongamos que usted puede comprobar una palabra clave en 30 segundos: abra Google, escriba la palabra clave, presione entrar, rápidamente visualice la pantalla SERPs, pasar a la siguiente palabra clave. Entonces, para 100 palabras clave que tomaría 50 minutos! Casi una hora de tedioso trabajo repetitivo. No gracias. Por otro lado, la comprobación de la clasificación con alguna herramienta también tiene sus desventajas: las herramientas a menudo muestran información incorrecta o inexacta, también puede dar lugar a una prohibición de su dirección IP si la cantidad de términos a comprobar es significativa. Entonces, ¿qué elegir? Eso depende de su visión y las necesidades de su negocio. Es posible que prefiera la rara y precisa verificación manual si la cantidad de palabras clave de destino es bastante pequeña, o elegir alguna herramienta para guardar un par de horas si la lista de palabras clave es bastante larga.

El resumen de esta parte es simple:

1. Compruebe su clasificación en la web una vez por semana aproximadamente o cada 3 días máximo.

2. Compruebe los primeros 30-50 resultados solamente. Más bajo no tiene sentido.

3. Si su sitio web no se encuentra dentro de esa profundidad - no está funcionando bien y necesita duplicar sus esfuerzos.

4. Puede comprobar su clasificación a mano en un navegador, o preferir una herramienta o software - que depende de sus necesidades de negocio y beneficios.

4.4. ¡Ayuda! ¡He perdido mi clasificación!

En primer lugar - no se asuste! Hay un montón de razones posibles para la pérdida de posiciones y no todos ellos son los resultados de la pena de Google.

1. **Sus competidores están haciendo su trabajo**

   En realidad, esta es una situación muy común. Usted piensa que su sitio ha perdido su rango, mientras que lo correcto sería decir qué, los sitios de sus competidores han ganado. Por lo general, la cantidad de caída no es significativa, pocas posiciones hacia abajo o así, pero dependiendo de la intensidad de los meses anteriores de trabajo puede caer aún más. Recuerde, SEO no es un sprint, es una maratón.

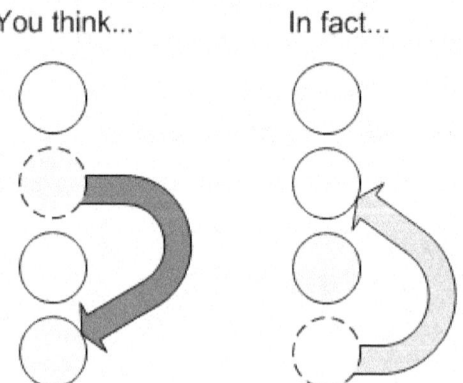

2. Algunos de sus enlaces entrantes se filtraron o se devaluaron

Esto sucede cuando tienes muchos enlaces y luego Google los devalúa. Su fuerza de enlace ha disminuido considerablemente y consecuentemente su clasificación también. Si lee la sección off page cuidadosamente, sabrá que los enlaces no tienen el mismo valor. Algunos son más valorados que otros y el valor de un enlace depende en gran medida del valor del sitio web enlazado. Así que si la calidad de ese sitio web cae por alguna razón, también lo hace el valor de un enlace a su sitio.

Por ejemplo, usted puede tener muchos vínculos de los socios recíprocos y todo salió bien, pero los sitios de los socios han colocado más enlaces desde la misma página, entonces su enlace se ha convertido simplemente en uno de tantos, recibiendo sólo una pequeña porción del jugo de enlace - eso es devaluar. Los vínculos también podrían ser devaluados por Google. Si descubre que un enlace es irrelevante o de mala calidad, reduce su valor inicial o lo filtra completamente.

La desvalorización puede resultar en pérdida significativa de posiciones a la vez, o en una pérdida lenta pero constante de posiciones a lo largo del tiempo. La recopilación de enlaces de sitios web de alto PR relevantes reduce el riesgo de tal cuestión al mínimo. Téngalo en cuenta.

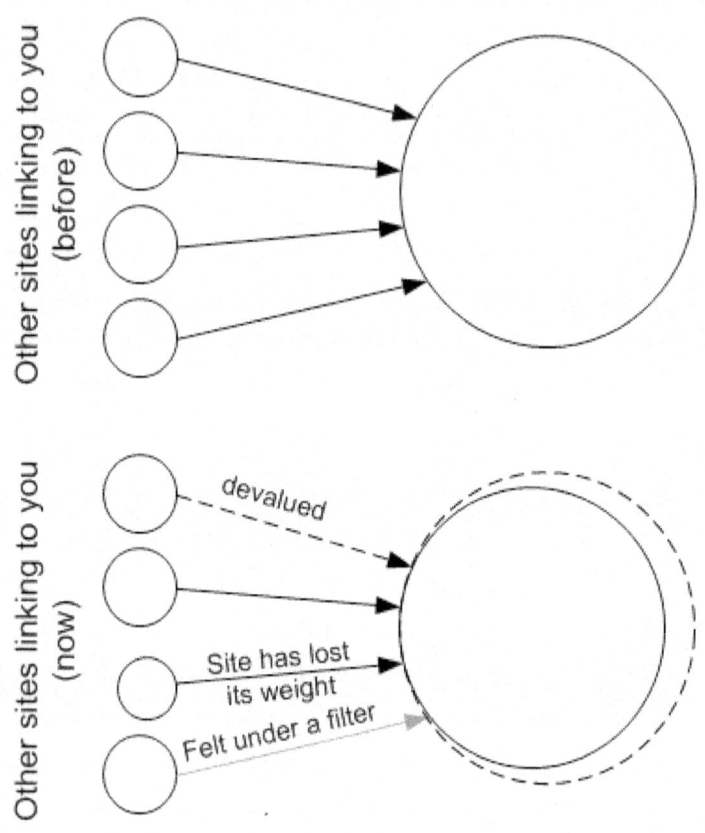

Gráfico de los enlaces entrantes.

3. **Nuevo algoritmo de clasificación introducido**

Muy similar a lo anterior. Cada factor de clasificación, ya sea fuera de la página o en la página tiene algo de valor asignado a él dentro de los algoritmos de Google. Si Google introduce algún nuevo algoritmo o realiza algunos cambios con la próxima actualización, todos los sitios se evalúan según este nuevo algoritmo y su clasificación se actualiza en consecuencia. Algunos de ellos podrían hacer que la web suba de posiciones durante la actualización, mientras que otros podrían hacerla caer.

El punto clave aquí es si Google no quiere que algunos sitios pierdan posiciones porque no le interese. El propósito de esta actualización es aumentar la calidad de una búsqueda, por lo que **la mejor estrategia para sobrevivir a cualquier actualización de Google es, utilizar enlaces de alta calidad y métodos de SEO.** Si no usas SEO dudoso, si tienes buena vecindad, y si obtienes sólo enlaces de alta calidad de fuentes relevantes - no perderás tus posiciones, ni siquiera las aumentarás gracias a esos websmasters desafortunados que no lograron leer este tutorial cuidadosamente y por lo tanto perdieron su clasificación liberando un poco de espacio en las SERPs a favor de su web.

4. **Problemas en el sitio**

Todos cometemos errores, así que en algún momento el problema no es Google, sino su propio sitio. El caso más común es cuando usted compra un nuevo nombre de dominio y transfiere su sitio web a él, pero no configuró una redirección de la antigua correctamente. Por lo tanto, los enlaces apuntan ahora a páginas no existentes y Google no tiene otra opción que eliminarlas del índice. La otra situación común sucede cuando su proveedor de alojamiento cambia algunas reglas de ejecución de secuencias de comandos y sus páginas dinámicas dejan de funcionar de repente con error 404, 503 o cualquier otro error del lado del servidor. Si su ranking está bajando - compruebe su sitio web en primer lugar.

5. **Penalidad**

¿Qué es la penalización? Es una especie de factor de amortiguación aplicado a su clasificación. ¿Cómo se sabe si su sitio es penalizado? De ninguna manera y lo siento si esperabas otra cosa. Su sitio puede ser penalizado en este momento y no lo sabe. Usted debe entender, sin embargo que **no todas las pérdidas de la clasificación es una penalidad!** Sin embargo, Google penaliza los sitios que usan técnicas de SEO tipo blackhat, tales como enlaces ocultos, relleno de palabras clave o tener vínculos de malos vecinos o enlaces irrelevantes. No hay penalidades artificiales hechas por el único motivo de dejar caer algunos sitios. Google es un buscador y se preocupa por la búsqueda, no por poner algún sitio más alto o más bajo en las clasificaciones. Por lo tanto, si su sitio ha recibido una penalización, debe preguntarse por qué Google piensa que mi sitio no es relevante para esa consulta. ¿Es esto algo sobre mi contenido? ¿Es esto por los enlaces que compré el mes pasado? Siempre hay una razón. Vea en Google algunos consejos desde el enlace:

Mi sitio no está siendo bien posicionado en la búsqueda.

6. **El sitio está prohibido**

¿Qué es la prohibición? Cuando su sitio se excluye del índice de un motor de búsqueda - Que es la prohibición. ¿Cómo se sabe si su sitio está prohibido? Simplemente escriba la consulta **site:mysite.com** en el cuadro de búsqueda de Google, donde mysite.com es la URL de su sitio. Si no ves resultados, entonces, enhorabuena, tu sitio está prohibido o nunca se ha rastreado (es válido para sitios nuevos). ¿Por qué prohibiría Google un sitio? Principalmente, porque ese sitio viola las directrices para webmasters de Google o utiliza métodos de SEO de blackhat. ¿Cómo se puede idexar el sitio al índice de Google? Paso uno: eliminar todas las cosas blackhat de su sitio web. Paso dos: envíe su sitio a Google de nuevo.

Leyendo los puntos anteriores, es posible que ya haya notado alguna similitud sobre ellos. Hay una oportunidad cero de tener cualquier problema con Google si usted está:

A) Usando buenas prácticas en métodos de SEO.

B) trabajando constantemente en mejorar el sitio.

De hecho, la fuente de todos los problemas es baja (bueno, puede no ser exactamente baja, pero al menos no lo suficientemente alta) la calidad del contenido del sitio web (muy importante). Llene su sitio con contenido único, informativo y de lectura obligatoria y no tendrá que pedir a otros que se enlacen con usted, esa estrategia de enlace funciona mejor y no experimenta ninguna dificultad con las actualizaciones de Google.

5. Software y herramientas de SEO

Obviamente, tenemos que decir una palabra o dos sobre el software de SEO. Si es seguro usarlo, si vale la pena comprar alguna y otra materia. Dado que tenemos dos tipos de actividad de SEO - en la página y fuera de la página - todo el software se puede categorizar de la misma manera. Sin embargo, yo preferiría otra clasificación:

1. **Herramientas de palabras clave**

   Esto incluye herramientas que realizan algunas del las investigaciones de palabras clave, mire el siguiente enlace: http://cleverstat.com/en/sca-website-analysis-software-index.htm, ya sea en la Web o mediante el análisis de algún sitio web. Dicha herramienta puede reunir o tratar de calcular la popularidad de una palabra clave, algunos de los parámetros de palabras clave artificiales (como la densidad de palabras clave), sugieren algunos sinónimos y otras palabras clave relacionados con cosas.

2. **Web ranking SEO software**

   Esto es simplemente herramientas que comprueban la posición de su sitio en un motor de búsqueda:

   http://cleverstat.com/en/search-engines.htm

   Esto se refiere a la sección anterior en los puntos de clasificación web.

3. **Herramientas de** enlaces

   Construcción de enlaces, gestión, estructuración, compra y venta de software.

4. **Herramientas de envío**

   Este grupo de diferentes herramientas SEO intenta enviar su sitio web o algunas páginas en particular a algunos recursos web, como directorios web, catálogos, motores de búsqueda, sitios de artículos y otros. Es lo que hacemos cuando añadimos la url manualmente a Google o Bing pero automatizado.

5. **Paquetes todo-en-uno**

Son como navajas suizas realizando todas las tareas. Una gran aplicación SEO que tiene todas (o casi todas) las funciones necesarias (y algunas veces innecesarias) dentro. Los inconvenientes son el precio, pero a veces y para algunos sitios, puede compensar.

6. **Software de automatización SEO**

En esta categoría no me refiero al software *automatizado* . En realidad, todas las herramientas anteriores están funcionando más o menos automáticamente. Sin embargo, hay algunas tareas que no pueden ser completamente automatizadas y por lo tanto todavía necesitan una intervención humana. Esto incluye la gestión de sus cuentas de AdWords o AdSense, la búsqueda de socios de enlace, el seguimiento de algunos blogs interesantes, etc Por lo que tal software de SEO simplemente le ayuda a cumplir con esas tareas, que todavía requieren que haga usted mismo la mayor parte del trabajo.

Todo lo anterior puede ser una herramienta de software que funciona en su computadora, o una herramienta en línea que funciona remotamente a través de un navegador. No profundizaré en este asunto, ni revisaré ningún nombre en particular. En cambio, quisiera señalar la idea principal de esta sección.

No hay herramienta de SEO o software que te haga la vida fácil!

Puede leer los textos de promoción diciendo que una herramienta le moverá encima de SERPs - que no es cierto. Puede decir "garantizamos la posición n1 en Google" - falsa promesa. Usted puede ver testimonios de otras personas diciendo "¡Hice $ 5000 en dos semanas! Es increíble!" - todo es falso o simplemente se engañan a sí mismos. Ningún software de SEO puede garantizar nada. Es una herramienta, no una magia. Si ve algunos de los textos de anuncios como los ejemplos anteriores, sepa que este software en particular no es lo que pretende ser. Doble sus sospechas si le piden que pague primero. Y triple si no proporcionan ningún tipo de prueba para esa herramienta que sea verdaderamente verificable.

Usted debe de pagar por su conveniencia.

También puede utilizar software de SEO gratuito, **no tendrá tantas métricas o medidas a su alcance pero no le costará dinero.** En realidad, hay un montón de herramientas de SEO libre y de calidad, pero puede encontrar muchas en la web. Por ejemplo; Google Keyword Tool. Sin embargo, algún día usted puede necesitar más potencia y no hay nada malo en utilizar las herramientas de pago incluso complementando las de libre uso. Simplemente tenga en cuenta que esta herramienta es simplemente una herramienta, nada más. No le ayudará a clasificar mejor. Sólo puede ayudarle a *hacer que* su sitio tenga un mejor puesto en el ranking. No confíes en nadie que afirme lo contrario. Lo más probable es que ese tipo simplemente quiera tu dinero.

Otro punto que debemos cubrir aquí és si es seguro utilizar el software de SEO? ¿Puede provocar una sanción de Google? Según Google, sólo los sitios de enlaces de pago para la clasificación automatizados están en contra de su política, mientras que todos los demás tipos de software de SEO están bien mientras que no violen las directrices de Google para webmasters. En cuanto a los enlaces de pago para clasificación web - hemos cubierto este tema anteriormente en este tutorial de SEO, repasen.

Resumiendo, no debe esperar algo de magia de cualquier software de SEO que utilice. Por otra parte, cualquier software es simplemente un programa que repite lo que se le dijo que haga y por lo tanto puede estar mal en algunos casos particulares. Puede ejecutar algún informe de SEO dentro de esa herramienta y encontrar algunas recomendaciones que le da, pero tenga en cuenta que un software no sabe su situación actual, simplemente sabe de la competencia, algunos datos de palabras clave, etc, pero fácilmente puede pasar por alto algunos datos más delicados que sólo un ser humano puede conocer. En general, un especialista contratado para SEO siempre es mejor que el montón de impulsos electrónicos llamado software de SEO. Por otro lado, incluso los especialistas en SEO todavía utilizan algunas herramientas para automatizar su trabajo, así que ¿por qué no puede usted? Simplemente recuerde el punto principal de esta parte: no hay una herramienta de SEO o un software que te hace la vida fácil.

6. Recursos de SEO que merecen la pena visitar

Aquí tenemos una lista de Web site, de blogs y de otros recursos esenciales de SEO. Cada uno sugiere algunas informaciones interesantes y / o herramientas que podrían ayudar a sus esfuerzos de SEO.

- Google Webmaster Central

  Un sitio web imprescindible. Simplemente regístrese, confirme la propiedad de su sitio web y vea las estadísticas de su sitio, rastreo, errores, backlinks, palabras clave y muchas otras informaciones y gratis.

- Webmaster Essentials

Una colección de lectura obligada de información crucial acerca de Google. Las citas de él están dispersas a través de todo el tutorial que estás leyendo ahora.

- Google Analytics

Instálelo en su sitio para obtener la información más completa sobre los visitantes de su sitio. Combinado con los registros del servidor, se convierte en la fuente interminable de información crucial necesaria para enfocar sus futuros esfuerzos de SEO. Se integra fácilmente con las cuentas de AdWords y AdSense para que pueda rastrear no sólo a los visitantes, sino también un índice de ROI.

- Matt Cutts blog

¡Hey! ¿No es un chico de Google ?! Si es Matt Cutts, es un ingeniero técnico de Google desde el año 2000 y tiene un blog en el que responde a muchas preguntas populares sobre Google, revela información privilegiada (lo que le interesa por supuesto), destruye algunos mitos populares sobre Google y crea otros. Muy interesante blog con toneladas de información a considerar, sin embargo, Matt es de Google, no podemos confiar en él en su totalidad. Bueno, quién sabe, quién sabe... Definitivamente merece ser leído de todos modos. Pero como dije, jamás se confíe en este hombre o de cualquiera que trabaje en Google. No le mentirá, no es ético, pero tampoco le dirá la verdad de cosas relevantes.

- CleverStat SEO herramientas de software

Bueno, este es un buen sitio, parte de este manual es gracias a - CleverStat. Hacen SEO y productos de software para posicionamiento en motores de búsqueda. Algunos de ellos son gratüitos , mientras que otros necesitan ser comprados antes de que liberen todo su potencial.

- **Foros de conversación de SEO**

  Foros de SEO de alta calidad con un montón de información útil y siempre actualizada, incluyendo noticias de SEO, tutoriales de SEO, algunas herramientas de SEO y muchos más. Lea cuidadosamente y no dude en publicar sus propias preguntas, ya que siempre hay alguien allí que está dispuesto a responder.

- Blog de Google

  No es tan interesante como el de Mutt Cutts, pero todavía tiene algunas noticias sobre Google y sus nuevas características.

- Webmaster Central Blog

  Otro blog de Google. Ofrece videos, preguntas frecuentes, artículos y nuevos anuncios de herramientas.

- Wordtracker

  Una herramienta bien conocida para encontrar palabras clave. Una vez fue casi definitiva, pero desde que Google ha lanzado su propia herramienta, Wordtracker es simplemente una adición. Hubo algunas discusiones sobre si Wordtracker está proporcionando un dato relevante o no, pero miles de webmaster lo utilizan y están bastante contentos con él.

- Herramienta de palabras clave de Google

  Esta ya fue mencionada varias veces en esta guía, simplemente la mejor herramienta para encontrar sus palabras clave y saber si se les exige o no. A diferencia de Wordtracker, es gratis. Aunque vale la pena mencionar que esta herramienta es realmente la mejor no porque no podría ser mejor, pero porque no hay herramientas que sean mejores. Sabemos de que no es perfecta, pero no hay nada perfecto.

- Search Engine Land

  Una gran revista SEO en línea con boletines de noticias, foros, blog y una parte de sólo miembro con clave que contiene algunos materiales exclusivos (supongo). Nada especial en realidad, pero debido a una enorme cantidad de información que probablemente puede encontrar algunas joyas sobre SEO.

- SEOmoz

  Un buen recurso, en SEO es un peso pesado con su propio conjunto de herramientas, un blog, una amplia selección de artículos y muchos más. Sin embargo, como casi todos quieren dinero y antes de que le permitan leer la información (pero hay artículos gratis también), y también hay un poco de publicidad. Sinceramente recomiendo este sitio por la importancia que tiene en Seo sobre Google, pero no esperen mucho si no pagas primero.

- Hobo SEO UK

  Un blog **de SEO en el Reino Unido** con buenos experimentos SEO que revientan o confirman varios mitos de Google. Definitivamente se debe leer.

- SEOptimise

  Otro buen blog. Muchos buenos artículos no copian las mismas cosas viejas una y otra vez, pero escritas por un hombre que está realmente interesado en lo que hace. Muy inteligente y profesional recurso. Una lectura obligada.

- SerpLab

  Un buena herramienta gratis que le da las posiciones de la SERP con varias palabras clave y le guarda estadísticas si se registra. Gratis

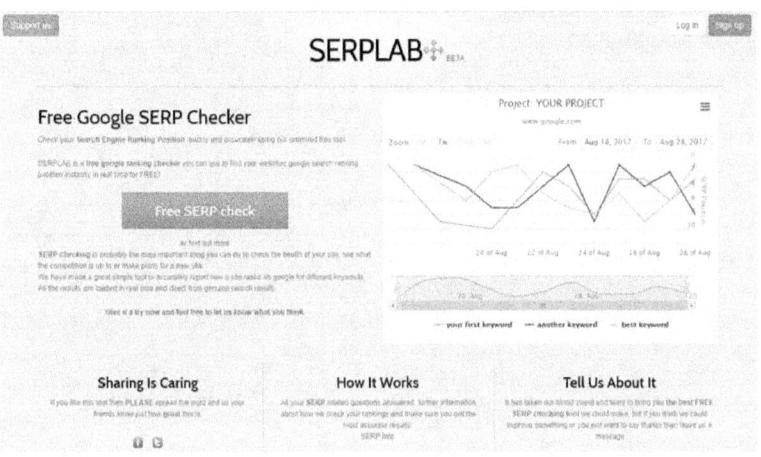

Y hasta aquí hemos llegado, espero que este trabajo les haya gustado y puedan aprender buenas prácticas sobre SEO, no se fíen de nadie amigos, hay muchos profesionales que le dirán como se hacen las cosas y les ofrecerá su trabajo, nunca page por adelantado ni por medios de pago dudoso, primero observe los resultados. Y recuerde, no hay milagros en SEO.

Perdón por los gráficos en inglés, pero en el día a día es más fácil comprender los términos en inglés.

La vida es una, el SEO es opcional pero apasionante sobre todo cuando quieres que tu sitio sea el primero.

(2017) http://tutoriales.net.co

Joan Mengual